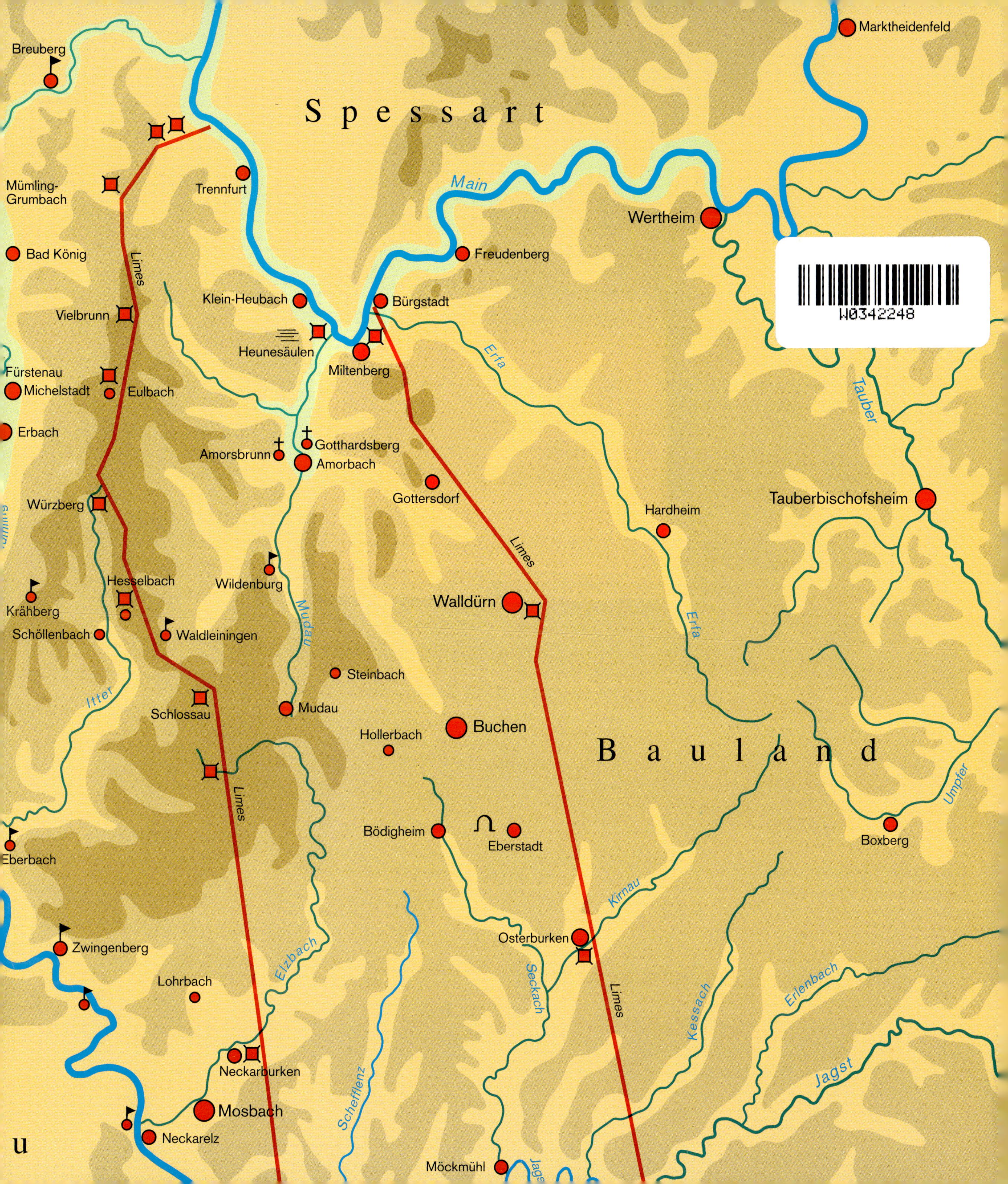
Spessart
Bauland
Main
Marktheidenfeld
Breuberg
Trennfurt
Mümling-
Grumbach
Wertheim
Freudenberg
Bad König
Limes
Klein-Heubach
Bürgstadt
Vielbrunn
Heunesäulen
Miltenberg
Erfa
Tauber
Fürstenau
Michelstadt
Eulbach
Erbach
Gotthardsberg
Amorsbrunn
Amorbach
Gottersdorf
Würzberg
Hardheim
Tauberbischofsheim
Hesselbach
Wildenburg
Krähberg
Mudau
Walldürn
Schöllenbach
Waldleiningen
Steinbach
Itter
Schlossau
Mudau
Buchen
Hollerbach
Bödigheim
Eberstadt
Boxberg
Umpfer
Eberbach
Kirnau
Osterburken
Zwingenberg
Elzbach
Lohrbach
Seckach
Kessach
Erlenbach
Neckarburken
Schefflenz
Jagst
Mosbach
Neckarelz
Möckmühl
u

Ex libris
Fredi K. Roß
Hückeswagen

Ferdinand Müller
Kulturlandschaft Odenwald Bergstraße

Ferdinand Müller

Kulturlandschaft Odenwald Bergstraße

BELTZ

Der Autor dankt
Hilde Beltz Rübelmann
für die temperamentvollen Anstöße zu diesem Buch,
Iris Müller,
die mit großem Engagement für die Herstellung sorgte,
dem Team der Satz- und Reprotechnik GmbH
für die sorgfältige und engagierte technische Abwicklung,
und Marga Müller
für gute Ideen und kritische Begleitung.
Zu danken ist auch den
Archivaren, Bibliothekaren, Museumsleuten, Kastellanen und
Denkmalpflegern, Pfarrern und Bürgermeistern
für Rat und Hilfe.

2. Auflage 2000

Umschlaggestaltung: Iris Müller
Titelfoto: Burg Schwalbennest, Neckarsteinach
Vorsatz: Ingenieurbüro Schwegler, Eppelheim 1994
Nachsatz: Karte von Nicolaus Visscher – Amsterdam, um 1705, Ausschnitt.
Das Original wurde vom Weinheimer Museum freundlicherweise zum Abdruck zur Verfügung gestellt.
Satz und Reproduktion: Satz- und Reprotechnik GmbH, Hemsbach
Druck: Druckhaus Beltz, Hemsbach
Bindung: IVB, Heppenheim
Printed in Germany
ISBN 3-407-10107-4

Ortsregister

Kulturlandschaft Odenwald Bergstrasse

Aus der Luft, wenn man durchs Kabinenfenster blickt, kurz bevor das Flugzeug auf dem Rhein-Main-Flughafen aufsetzt, sieht man unter sich eine Ansammlung grüner Buckel, breit gelagert, ein »Kuppengebirge«, ein Land, das nicht leicht zu überschauen ist, dieses Gewoge von Bergen, diese Wirrnis der Täler. Das ist der Odenwald.

Fünf Routen sollen ihn erschließen. Da ist einmal der Weg von Darmstadt nach Heidelberg entlang der Bergstraße. Da ist zweitens die Straße den Neckar aufwärts, solange er ein Odenwaldfluß ist. Es folgt eine Route von der Bergstraße ins Innere des Gebirges, das Lautertal aufwärts, das Gersprenztal abwärts. Auch der vierte Weg geht von der Bergstraße aus, das Weschnitztal hinauf, das Mümlingtal hinab bis an den Main. Es bleibt eine fünfte Straße mainaufwärts bis Miltenberg und dann entlang der Mudau bis an die Grenze zum Bauland. So läßt sich der Odenwald erkunden, viel zu schnell im Auto über blitzblanke Straßen, gemächlicher, aber zuweilen anstrengend auf dem Fahrrad, am allerschönsten etappenweise zu Fuß an Weinbergen entlang oder durch stille Wiesentäler und tiefe Wälder zu Burgen und Kirchen und alten Städten.

Sebastian Münster, früheste kartographische Darstellung des Odenwaldes, nach Süden orientiert.
Aus: Cosmographia Europae 1536

Es ist ein kleines Land, fünfzig Kilometer im Quadrat: verzweigte Täler und breite Buchten zwischen mäßig hohen Bergen, die im Westen, im Granitodenwald, als Kegel, Klötze und Kuppen buckeln, nach Osten hin, wo der Buntsandstein den Granit überdeckt, zu weiten Wellen und breiten Rücken ausschwingen.

Dahinter beginnt auf Muschelkalkboden die Ackerlandschaft des Baulandes. Im Norden stößt das Gebirge an die Gersprenzebene und an die Krümmungen des Mains, im Süden an den Neckar, reicht aber als »Kleiner Odenwald« noch über ihn hinweg bis ans Hügelland des Kraichgaues.

Und im Westen die Rheinebene – tischplattenflach und hier und da gespickt mit Schornsteinen und Hochhäusern, mit Masten und Kühltürmen zwischen Kiefernwäldern und Spargeläckern. Die Berge steigen plötzlich auf, bilden die Kante, die nach dem Einbruch des Rheingrabens vor fünfzig Millionen Jahren stehenblieb. Sie war einst wohl dreitausend Meter hoch und ist heute auf vierhundert Meter abgewittert, von Flüssen durchbrochen, von Lehm und Löß angeböscht.

Da zieht die Bergstraße entlang, jener »lustige Garten, darinn oben das Gebürg voll statliches Holtz, von Vögeln, Schnabelweid; bald darunter an den Bergen außerleßner Weinwuchs, und besser hinab die schönste Obsgärten«, wie Matthäus Merian sie 1645 beschreibt. Und 1764 meint Kaiser Joseph II., nach der Krönung in Frankfurt südwärts fahrend: »Was braucht der Kurfürst Gärten anzulegen? Hat er doch hier in seinem Lande den schönsten Lustgarten. Ein zweites Italien ist ihm zu Lehen gegeben«.

Und »Bergstraße« wörtlich verstanden: Es ist die uralte Nord-Süd-Verbindung am Rande der Ebene, ein Völkerweg lange vor dem Eindringen der Römer, als hier Kelten lebten. Zur Zeit des Augustus siedelten sich zwischen ihnen germanische Bauern aus dem Volk der Sueben an. In den siebziger Jahren des ersten Jahrhunderts besetzten die Römer auch das Land rechts des Rheines und drangen weit in den Odenwald ein. Sie bauten die Bergstraße aus. Pflaster- und Schotterreste werden immer wieder aufgedeckt. Die Straße führte meist auf halber Höhe am Hang entlang. Ihr römischer Name ist nicht überliefert. Sie wird erstmals, lange nach dem Ende der römischen Herrschaft, im Jahre 795 in der Grenzbeschreibung der Mark Heppenheim genannt: »strata publica, que ducit de pago lobodonense« – die öffentliche Straße, die aus dem Lobdengau kommt. In Urkunden des 11. Jahrhunderts heißt sie »platea montium« und seit dem 13. Jahrhundert bürgert sich der deutsche Name ein.

Die Bergstraße der Römer diente der Erschließung des Koloniallandes. Geschützt durch den Limes, der über die Höhen des Odenwaldes zog, waltete in der Ebene römische Ordnung, blühte römische Zivilisation. Sie zerbrach 235 mit einem ersten Einbruch der Germanen. 260 war der Limes aufgegeben. Junge Völker siedelten sich an, die Alemannen, dann die Franken, die das Land mit einer neuen Verwaltungsstruktur überzogen, den Gauen. Die Bergstraße gehörte im Süden zum Lobdengau um die alte Römerstadt Ladenburg, im Norden zum Oberrheingau.

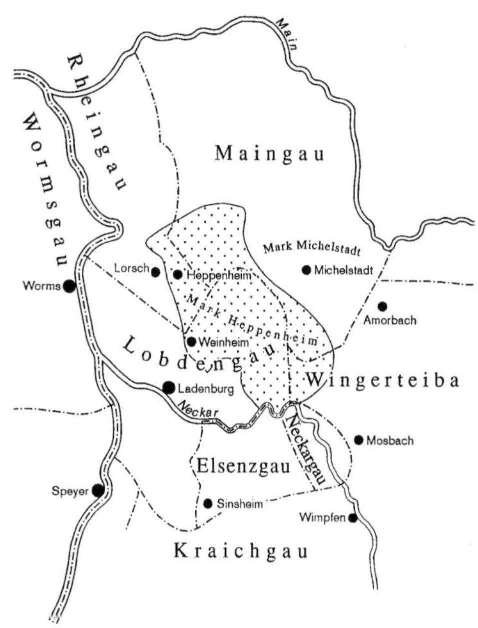

Die fränkischen Gaue und die Mark Heppenheim um 800

In diesem Netz von Gauen unter der Hoheit von Gaugrafen gab es die Besitzungen der Bistümer und Klöster aus altem Reichsgut und aus Schenkungen des Adels und der Freien. Davon profitierte das Reichskloster Lorsch, das nicht nur geistliche, sondern auch politische Macht in der frühmittelalterlichen Geschichte des Odenwaldes wurde. 773 hatte Karl der Große den Ort Heppenheim mitsamt der »Mark Heppenheim« aus seinem Königsgut dem Kloster geschenkt. Dazu kam 819 die Mark Michelstadt. Lorsch beherrschte nun die Bergstraße und den größten Teil des Odenwaldes. Aber im 12. Jahrhundert erlahmte die Macht des Klosters durch Streit und Mißwirtschaft. 1232 wurde das einst so mächtige Reichskloster dem Erzbistum Mainz übertragen. Fortan herrschten die Erzbischöfe über den Lorscher Besitz. Sie wirkten von Nordwesten her in den Odenwald hinein wie die Wormser Bischöfe von Südwesten.

Neben den geistlichen Mächten und mit ihnen konkurrierend erstarkten die weltlichen. Im Norden der Bergstraße bauten die Grafen von Katzenelnbogen ihre Territorialherrschaft aus. Sie stammten aus dem nördlichen Taunus, erhielten im 11. Jahrhundert die Grafschaft Bessungen vom Bistum Würzburg zu Lehen. Damals war »Darimundestat« noch ein kleiner Weiler. Aber es überflügelte bald den Hauptort Bessungen, der heute ein Vorort Darmstadts ist, wurde Hauptstadt der »Obergrafschaft Katzenelnbogen«. Eigentliche Residenz der Grafen aber blieb die Burg Rheinfels bei St. Goar in der »Niedergrafschaft«. 1479 starben die »Bogner« aus, und die Grafschaft mit »groß guth von Gold und Silber« kam an Hessen. 1567 wurde Hessen unter vier Linien geteilt. Eine von ihnen war die Landgrafschaft Hessen-Darmstadt, die 1806 Großherzogtum wurde.

In Darmstadt bauten die Landgrafen die alte Wasserburg zum Renaissanceschloß aus, das heute noch als »Altschloß« hinter den beiden Flügeln des nie vollendeten Neubaues steht. Das gewaltige Bauprojekt blieb ein Torso, weil das Geld ausging. Aber was von Louis Remy de la Fosse gebaut wurde, ist großartig genug: die Südfront mit dem prunkvollen Hauptportal zum Marktplatz hin, die Westfront als monumentaler Abschluß der Rheinstraße, die von der Ebene her in die Stadt ein-

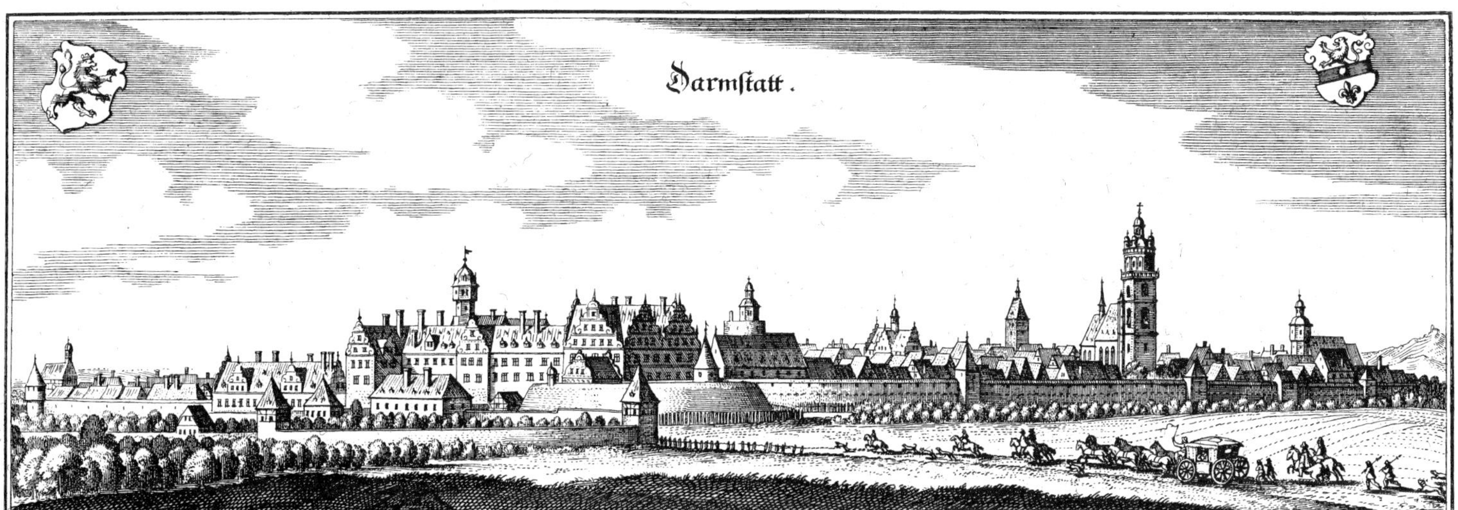

Matthäus Merian, Darmstadt, Kupferstich
Aus: Topographia Hassiae 1646

Darmstadt, Luisenplatz und Ludwigsmonument
Aus: Original-Ansichten der historisch merkwürdigsten Staedte in Deutschland 1840

zieht. Auf ihrer Achse, inmitten des Luisenplatzes und vor dem Kollegienhaus, steht der »Lange Lui«, die vierzig Meter hohe dorische Säule mit dem Standbild Ludwigs, den Napoleon zum Großherzog befördert hatte. Sein Land war durch die Auflösung der geistlichen Besitztümer und der kleinen Adelsherrschaften um ein Drittel größer geworden. Das Oberamt Heppenheim, Nachfolger der Heppenheimer Mark des Klosters Lorsch und seit 1232 Besitz des Erzbistums Mainz, war an Hessen gefallen, auch die Grafschaft Erbach, die sich vom tiefen Inneren des Gebirges bis an die Bergstraße ausgebreitet hatte, und sogar einige pfälzische Ämter.

Dieser Ludwig I. wurde als liberaler Mensch gerühmt, aber unter seiner und seines Sohnes Herrschaft war Hessen-Darmstadt ein repressiver Polizeistaat, der in Georg Büchner einen leidenschaftlichen Ankläger fand: »Der Fürst ist der Kopf des Blutigels, der über Euch hinkriecht, die Minister sind seine Zähne und die Beamten sein Schwanz!« Ludwig war hochgebildet, ein Freund Goethes, musikalisch begabt, Förderer von Musik und Theater, während seine Bauern im Odenwald hungerten. Er schuf die Grundlage des modernen Darmstadt, ließ seinen Hofbaumeister Georg Moller, der wie der aus Weinheim stammende badische Baudirektor Heinrich Hübsch ein Schüler des großen Weinbrenner in Karlsruhe war, die Straßenachsen planen, die Darmstadt zu einer hellen, bequemen, eleganten Stadt machten. Die Planung Mollers hat sogar die Vernichtung der Stadt im Bombenangriff des 12. September 1944 überdauert. Wiederaufgebaut ist die grandiose Kuppel seiner Ludwigskirche, und auch sein Hoftheater ist neu erstanden: die Würdeformel einer Tempelfront vor neuem Inhalt, nämlich Archiven und Bibliotheken.

Der erste Großherzog hatte noch ganz in der Art früherer fürstlicher Sammler nicht nur Kunst und Kunsthandwerk, sondern auch Naturobjekte gesammelt und in seinem Altschloß ein öffentliches Museum gestiftet. Die Sammlungen wuchsen in der Folgezeit so an, daß zu Beginn unseres Jahrhunderts Großherzog Ernst Ludwig, der zur gleichen Zeit die Künstlerkolonie Mathildenhöhe gründete, ein neues Sammlungsgebäude durch den Architekten Alfred Messel bauen ließ. Das heutige Hessische Landesmuseum, gegenüber dem Schloß und neben dem Hoftheater, bietet noch immer das reizvolle Nebeneinander von naturkundlichen und kunsthistorischen Sammlungen, von Naturgeschichte und Kunstgeschichte wie einst die Kunstkammern, darunter Stücke höchsten Ranges auch aus der Kulturlandschaft Odenwald.

Hinter dem Museum wachsen die riesigen Platanen im Herrengarten, dem »Boskett« der Landgräfin Caroline, Mutter Großherzog Ludwigs. Unter ihrer Obhut erlebte Darmstadt in der zweiten Hälfte des 18. Jahrhunderts eine erste geistige Blüte, während ihr Gemahl, Landgraf Ludwig IX., in Pirmasens nach preußischem Vorbild eine Garnison Langer Kerls exerzieren und paradieren ließ. Die Landgräfin versammelte im Herrengarten, den sie nach englischem Geschmack umgestalten ließ, einen Zirkel empfindsamer Geister um den

Minister Moser und den Kriegsrat Merck mit Herder, Klopstock, Wieland, Nicolai. Goethe war ihr Gast, und ihre Tochter Luise, verheiratet mit dem Herzog Carl August von Sachsen-Weimar, knüpfte Verbindungen von Darmstadt nach Weimar. Die »Große Landgräfin« starb 1774. Versteckt unter Büschen und Bäumen steht auf ihrem Grab die Marmorurne, die Friedrich der Große überbringen ließ, der diese Frau verehrte. Jenseits des Parkes blühen die Rabatten vor dem Prinz-Georg-Palais, das die Großherzogliche Porzellansammlung enthält. In den Vitrinen stehen kostbare Stücke aus berühmten Manufakturen.

1892 begann das letzte große Kapitel Darmstädter Kulturgeschichte: Der 24 Jahre alte Ernst Ludwig bestieg den Thron. Durch ihn, den hochbegabten sensiblen Mäzen, wurde Darmstadt ein Zentrum des Jugendstils. 1899 berief er den Wiener Architekten Josef Maria Olbrich und gründete die in der europäischen Kunstgeschichte berühmte Künstlerkolonie auf der Mathildenhöhe. Oberhalb der Residenzstadt, in der Nachbarschaft der älteren russischen Kapelle, sollten junge Künstler ihre Vorstellungen von einer neuen Wohnweise und einer neuen Formkultur verwirklichen.

Mittelpunkt der Anlage war das Atelierhaus mit reich dekoriertem Portal, das von den Kolossalstatuen Mann und Weib flankiert wird und auf dem Bogenlauf die emphatischen Worte trägt: »Seine Welt zeige der Künstler, die niemals war noch jemals sein wird«. Acht Ateliers beiderseits eines Festraumes nahmen das Hauptgeschoß ein. Für die erste große programmatische Ausstellung 1901 »Ein Dokument deutscher Kunst« hatte Olbrich auch die Wohnhäuser der Künstler gebaut und zum Teil ausgestaltet. Nur derjenige unter ihnen, der am kräftigsten in die Zukunft wirken, der erste Industriedesigner werden sollte, Peter Behrens, baute selbst sein Haus. Einige der Bauten sind heute verändert, und zugänglich ist nur das Haus des Ausstellungssekretärs Wilhelm Deiters.

Joseph Maria Olbrich,
Plakat
Lithographie, 1901

Höhepunkt des Darmstädter Kunstlebens am Beginn unseres Jahrhunderts – Theodor Heuß: »Das 20. Jahrhundert hat in Darmstadt begonnen« – war die Hessische Landesausstellung 1908. Man weihte ein großes Ausstellungsgebäude ein, neben dem sich der eigenwillige Hochzeitsturm erhebt, das signifikanteste Werk Olbrichs und Wahrzeichen Darmstadts. Am Vorabend des Ersten Weltkriegs, der den künstlerischen Aufbruch jäh beendete, wurde die letzte Ausstellung eröffnet. Die Gesamtanlage war »zu einem harmonischen Kunstwerk gestaltet« worden, mit dem Platanenhain, dem Wasserbecken vor der russischen Kapelle, dem Schwanentempel und sogar einem Mietshauskomplex.

Die Möbel, Teppiche, Hausgeräte, die Gemälde, Plastiken und Graphiken der Darmstädter Künstlerkolonie sind heute in alle Welt verstreut. Darmstadt selbst hat zwei bedeutende Sammlungen im Atelierhaus und im Landesmuseum bewahrt, auch Denkmäler im Herrengarten und in der Stadt, private Villen aus dieser Zeit und den Bahnhof in spätem Jugendstil.

Es gab neben dem neuzeitlichen auch das alte Darmstadt. Es ging in jener Bombennacht ebenso zugrunde. Weniges blieb erhalten oder wurde wiederhergestellt: Reste der Stadtmauer wurden sogar durch die Bomben erst freigelegt, der Weiße Turm steht wie ein Denkmal im Trubel der neuen Einkaufsstraßen, das Rathaus gegenüber dem Schloß wurde wiederaufgebaut und ebenso das Alte Pädagog, das erste Gymnasium der Landgrafschaft, wo Georg Büchner die Schulbank drückte. Die evangelische Stadtkirche hat ihren gotischen Chor behalten, in dem ein üppiges landgräfliches Grabdenkmal die ominöse Verbindung von Thron und Altar bezeugt.

Südlich Darmstadts entwickelt sich das Panorama der Bergstraße mit Burgen auf den Höhen und Dörfern und Städten in einem Band zu Füßen der Hänge. Da thront auf der ersten Bergkuppe Burg Frankenstein. Ihre Mauerreste wurden im letzten Jahrhundert gesichert, die Kapelle und der Brückenturm wiederhergestellt. Eng benachbart, auf dem Gelände der einstigen Vorburg, klebt über dem Abhang der Restaurantbau im Klob- und Klotzstil unserer siebziger Jahre.

Unterhalb der Berge liegt Seeheim mit seinem schönen Fachwerkrathaus und dem »Hoflager« der Großherzöge, das heute Bibelschule ist. In Seeheim betreten wir den Kernbesitz des Klosters Lorsch, dem das Dorf 874 vom König geschenkt worden war. Später geriet es an die Grafen von Erbach und 1711 an Hessen. Und wieder hinauf auf die Berge: Über Jugenheim lag Burg Tannenberg, in deren Besitz sich zeitweise siebzehn Ganerben teilten. Im 14. Jahrhundert war sie ein schlimmes Raubnest, dessen Ritter die Kaufmannszüge auf der Bergstraße plünderten, Gefangene nahmen, Geiseln ermordeten, bis die Kurfürsten von Mainz und Pfalz gemeinsam mit der Stadt Frankfurt im Jahre 1399 die Burg belagerten, beschossen und erstürmten. Die Ruinen wurden 1848 freigelegt und ausgegraben, wobei Hausgerät, Waffen und Teile von Rüstungen geborgen wurden. In unserer Zeit sicherten freiwillige Helfer die Mauerreste.

Benachbart diesem Ort des Schreckens und der Gewalt, nur durch das Stettbacher Tal getrennt, liegt auf einer Bergkuppe ein Ort ländlicher Muße und romanhaften Liebesglücks: Schloß Heiligenberg, heute Fortbildungsinstitut für Lehrer, entstand aus dem Landgut eines hessischen Hofbeamten, das Georg Moller 1831 zu einer fürstlichen Sommerresidenz umbaute. Hier begann die erstaunliche Geschichte der Battenbergs: Der hessische Prinz Alexander begleitete 1841 seine Schwester Marie nach Rußland. Sie hatte den späteren Zaren Alexander II. geheiratet – eine der ehelichen Verbindungen zwischen der hessischen Dynastie und dem Zarenhaus. In Petersburg verliebte er sich in eine außergewöhnlich schöne Hofdame seiner Schwester, Julie von Haucke. Heimlich verließ das Paar Rußland und ließ sich in Breslau trauen. Die unstandesgemäße Heirat erregte Aufsehen und Empörung. Das Paar zog sich auf Schloß Heiligenberg zurück, das der Prinz geerbt hatte. Der Großherzog verlieh Julie und ihren Kindern den Namen »Battenberg« nach einer lange schon ausgestorbenen Adelsfamilie und erhob sie in den Prinzenrang. Alexander von Rußland vergab seinem Schwager die Mesalliance. Jeden Sommer empfingen fortan die Battenbergs ihre russischen Verwandten auf Schloß Heiligenberg. Dann war unten im Dorf Jugenheim große Aufregung, wenn die zahlreichen Kutschen vom Bickenbacher Bahnhof her anrollten. Vor einem Triumphbogen wurden die Herrschaften vom Gesangverein mit der russischen Hymne begrüßt. Die Nachkommen des Prinzenpaares heirateten in viele europäische Fürstenhäuser ein, bekleideten höchste Ämter. Nur mußte einer der Söhne, Erster Seelord der britischen Marine, bei Kriegsausbruch 1914 sein Amt niederlegen und 1917 seinen Namen verändern. So heißt auch sein Enkel, Gemahl der Königin Elisabeth, Philip Mountbatten.

Der Heiligenberg trug im Mittelalter ein Nonnenkloster. Auf den Grundmauern der alten Kirche entstand 1836 eine künstliche Kirchenruine als Kulisse romantischer Schwärmerei. Wenige Schritte weiter, neben der tausendjährigen Gerichtslinde, schaut das Mausoleum der Battenberger in die Ebene hinunter, und nahebei leuchtet ein Goldenes Kreuz.

Südlich des Schlosses Heiligenberg, tiefer im alten Herrschaftsbereich des Klosters Lorsch liegen die wenigen Trümmer der Burg Jossa und abermals südlich die Burg Bickenbach, das »Alsbacher Schloß«. Die Bickenbacher waren Lehnsleute des Klosters Lorsch und erbauten ihren Herrensitz im frühen 13. Jahrhundert: stereometrisch klare, wuchtige Formen von Bergfried und Ringmauer. Die Burg geriet später an die Grafen von Erbach und dann an die Landgrafen von Hessen, die – fanatische Jäger allesamt – in den umliegenden Wäldern ihre Parforcejagden ritten.

Am Fuße des Melibokus, in einem einstigen Engpaß zwischen Bergen und Sumpfebene, liegt das Städtchen Zwingenberg, 1012 »Getwinc« genannt. Der Platz war strategisch wichtig, weil man hier in der Enge die Bergstraße beherrschte. Deshalb gründeten die Katzenelnbogen eine befestigte Siedlung, aus der die Doppelstadt entstand: Die Bergstadt am Hang mit der Kirche und unterhalb die jüngere Neustadt, wo von Stadttor zu Stadttor die Bergstraße verlief, wo man Wegzoll erhob zum Ärger von Kurpfalz und Kurmainz, die das Geleitrecht auf der Bergstraße besaßen. Das heutige Zwingenberg ist ein wunderschönes Städtchen mit liebevoll restaurierten Häusern unterhalb der kleinen Kirche – ein Stadtensemble von eindringlicher Geschlossenheit und lebendiger Vielfalt, mit Rathaus, Kellerei und dem Schlößchen in der Untergasse.

Die Bergstraße führt weiter in das einstige Dorf Auerbach. Hoch über seinen Häusern das »Auerbacher Schloß«, eine der Burgen des Klosters Lorsch, die als ganze Kette die Bergstraße sicherten. Mit dem Ende der Klosterfreiheit kam auch dieser Besitz an Mainz und wurde als Lehen an die Katzenelnbogen vergeben. Ihre Nachfolger waren die Landgrafen. Auf steilem Bergkegel erhebt sich die Burg, erbaut wohl von jenem Dieter II. von Katzenelnbogen, den Walther von der Vogelweide in einem seiner Lieder preist. Sie war trotz aller Fortschritte der Kriegstechnik noch lange unbezwingbar, wurde erst 1674 vom französischen Feldherrn Turenne erstürmt und zerfiel dann zur Ruine. Die Maler der Romantik entdeckten sie wieder ob ihrer malerischen Reize, malten und zeichneten sie und feierten hier ihre Feste.

Wo sich das Hochstädter Tal zur Ebene öffnet, liegt der alte Ortskern von Auerbach, bewacht von der spätgotischen Bergkirche. Gleich hinter dem Kirchenhügel zweigt ein kurzes Nebental ab. In der Talmulde wurde im frühen 18. Jahrhundert eine Quelle entdeckt, deren heilsames Wasser Gäste von nah und fern anzog. Auch der Darmstädter Hof schätzte den »Guten Brunnen« im Auerbacher Tal.

Anstelle erster bescheidener Kurgebäude entstanden zwischen 1790 und 1795 die heutigen Bauten des Fürstenlagers, das Herrenhaus neben der in rundem Becken gefaßte Quelle, gegenüber das Wachhaus als reizendes Beispiel eines ländlichen Klassizismus, und an der Lindenallee liegen die vornehm-bescheidenen Wohn- und Nutzbauten: der Kavaliersbau und der Fremdenbau, der Prinzen- und der Damenbau, das Konditoreigebäude und der Küchenbau, das Weißzeughäuschen und die Remisen. Das war ein sommerliches Refugium in jener stürmischen Zeit, vergleichbar dem Hameau der Marie-Antoinette in Versailles. Ringsum dehnt sich ein englischer Garten mit Wiesenflächen und Hainen, mit Brunnen, Grotten und einer Eremitage auf einer Waldlichtung als Ort der Einkehr.

Auerbach gehört heute zu Bensheim, das zum ersten Mal 765 in den Urkunden des Klosters Lorsch genannt wird. Bensheimer Güter wurden damals und auch wei-

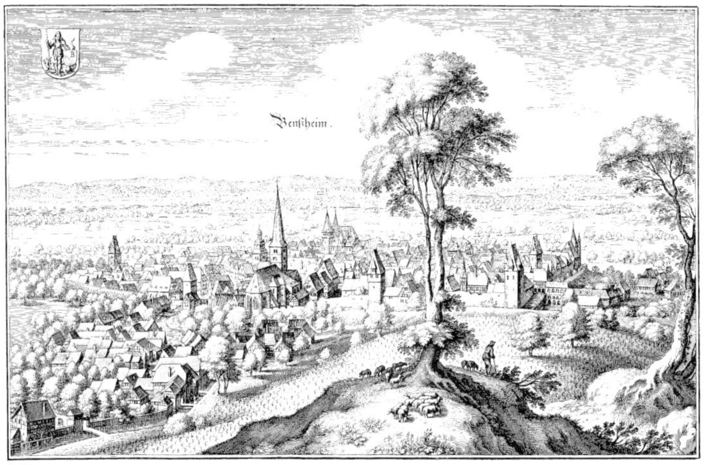

Matthäus Merian, Bensheim, Kupferstich
Aus: Topographia Palatinatus Rheni 1645

terhin dem Kloster geschenkt, bis der Ort schließlich ganz dem Kloster gehörte. In der mainzischen Zeit wurde das Marktdorf zur Stadt. Die etwa quadratische Anlage und auch die südliche Vorstadt wurden mit Mauern und Türmen befestigt.

Die Bergstraße zog von Süden heran und erreichte die Vorstadt durch das Heppenheimer Tor. Sie überquerte dann auf einer Brücke die Lauter. Deren Bachbett war als Zwinger von der Nordmauer der Vorstadt und der Südmauer der Kernstadt eingefaßt. Durch das Mitteltor führte die Straße am Hochzeitshaus vorbei auf den Marktplatz. Dort stand das Rathaus und weiter oben der Lorscher Klosterhof und die Pfarrkirche, die 1826 bis 1830 von Georg Moller als großartige klassizistische Säulenhalle neu erbaut wurde.

Der alte Stadtkern wurde noch im März 1945 durch Tieffliegerangriffe schwer angeschlagen. 45 Gebäude wurden zerstört, auch die Kirche, das Pfarrhaus, das Kapuzinerkloster und die Schule. Sie wurden neu erbaut oder wiederaufgerichtet. Dabei bekam die Kirche ihre neue Zweiturmfront, in die romanische Tierreliefs eingemauert wurden. Von den einst 27 Adelshöfen haben nur wenige die Jahrhunderte überdauert, am stattlichsten der Rodensteiner Hof am einstigen nördlichen Stadtausgang, dem Auerbacher Tor. Er erinnert an das sagenberühmte Odenwälder Rittergeschlecht.

Bensheim entstand da, wo das Lautertal sich zur Ebene öffnet, und so gab es hier einen bequemen Zugang in das Gebirge. Hinter Bensheim, hoch über der Lauter, liegt die ehemalige Burg Schönberg, pfälzisches Lehen der Schenken von Erbach, die von der Hangburg aus die Lautertalstraße überwachten. 1504 wurde die Burg in der Fehde Hessens gegen die Kurpfalz zerstört und dann als Schloß wiederaufgebaut. Seit der Erbachschen Landesteilung 1717/18 saßen hier die Grafen von Erbach-Schönberg, die 1903 in den Fürstenstand erhoben wurden. Damals erlebte das Schloß seine Glanzzeit als Sitz der Fürstin Maria, einer geborenen Battenberg. Es war Mittelpunkt gesellschaftlichen Lebens, wenn die englischen und die russischen Verwandten des Fürstenhauses hier zu Gast waren. Heute ist Schönberg ein Erholungsheim.

Um die Jahrhundertwende entdeckten aber auch die wohlhabenden Bürger das Land um Bensheim. An den Hängen entstanden Landhäuser und Villen und ganze Villenkolonien. Ihr Architekt war Heinrich Metzendorf aus Heppenheim. In seinem Atelier entstanden hunderte großzügiger Häuser im Stil einer bürgerlichen Moderne, einem »Landhausstil« nach dem Vorbild englischer Wohnkultur, der schlichter war als die gleichzeitigen Bauten der Mathildenhöhe. In sorgsamer handwerklicher Fertigung von Steinquadern, Putzflächen, Ziegelverbänden, Balkenkonstruktionen entstanden reich reliefierte Bauten in schönen Proportionen unter bergenden Dächern.

Die Häuser Metzendorfs akzentuieren auch das Weichbild Heppenheims, wo es nicht durch Industrieanlagen schon vollends zerstört ist. Heppenheim ist – wie Bensheim, wie Weinheim – von heftiger wirtschaftlicher Aktivität umgeben. Im Inneren aber haben diese Städte ihr altes Bild beglückend bewahrt. Heppenheims

Kern bietet das Musterbild einer alten deutschen Stadt, aber man muß sich doch vieles hinzudenken: Wagengeratter und Peitschengeknall, Schmutz und Gestank, Geschiebe und Geschrei – pralles Leben. Dem Fachwerk des Rathauses, das nach den Zerstörungen der Franzosenkriege 1693 neu aufgebaut wurde, antwortet von der anderen Seite des Marktplatzes die etwas jüngere Front der Apotheke. Östlich des Marktplatzes steht die Pfarrkirche, die um 1900 im Stil der frühen Gotik erbaut wurde, mit einer Doppelturmfassade, in die der eine romanische Turm der Vorgängerkirche aufgenommen wurde. Hier stand schon jene karolingische Peterskirche, die in den Urkunden des Klosters Lorsch seit der ersten Erwähnung 755 oft erscheint, weil so viele um ihr Seelenheil Besorgte ihre Höfe und Ländereien dieser Kirche schenkten, die mitsamt dem Ort und der Mark Heppenheim seit 773 dem Kloster gehörte.

Lorsch baute in Heppenheim eine Burg und einen Amtshof. Das Städtchen, von der Starkenburg auf der Berghöhe und von Mauern geschützt, war Verwaltungsmittelpunkt auch noch unter der Mainzer Herrschaft, die von 1541 bis 1623 unterbrochen wurde, als die mittlere Bergstraße und auch das Kloster für 100000 Gulden an die Kurfürsten von der Pfalz verpfändet war. In der großherzoglich-hessischen Zeit war Heppenheim Hauptstadt der Provinz Starkenburg und heute ist es Kreisstadt des hessischen Kreises Bergstraße, der bis ins Neckartal reicht und auch die reizvollen Städte Neckarsteinach und Hirschhorn umgreift.

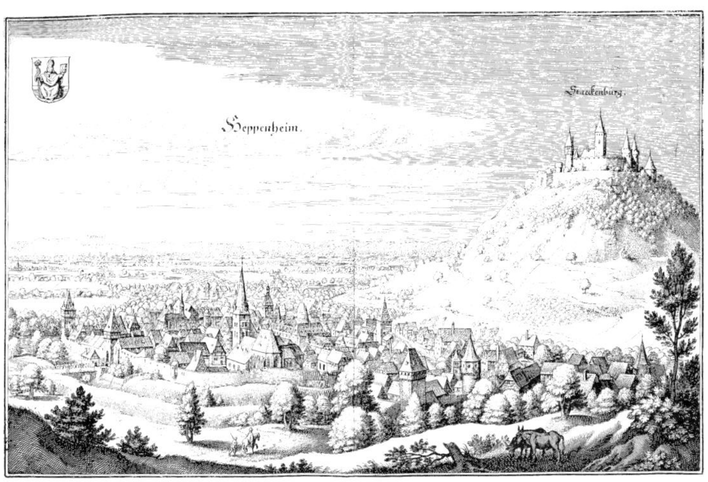

Matthäus Merian, Heppenheim, Kupferstich
Aus: Topographia Palatinatus Rheni 1645

Draußen in der Ebene lag das mächtige Kloster Lorsch, 764 gegründet vom Grafen des Rheingaues, besiedelt von Mönchen des lothringischen Klosters Gorze, 772 Eigentum Karls des Großen, Reichskloster und eine der großen politischen Mächte am Oberrhein. Sein Besitz griff weit über Bergstraße und Odenwald hinaus, reichte mit verstreuten Gütern vom Hochrhein bis zum Niederrhein. In der Klosterkanzlei protokollierten die Mönche jede Schenkung mit Datum, Name des Schenkers und Ort der Liegenschaften. Die Urkunden wurden im 12. Jahrhundert im »Lorscher Codex« gesammelt, einem gewaltigen Werk mit tausenden Ortsangaben. Die jeweils ersten Nennungen der Ortsnamen gelten heute als Geburtsurkunden der Dörfer und Städte. Auch der Name »Odenwald« wird in einer Klosterurkunde zum ersten Male genannt: Am 24. Mai 772 schenkt Giselhelm sein »Rodland in Odenwalt silva in der Gemarkung Handschuhsheim« dem Kloster. Der wachsende Reichtum verpflichtete die Mönche zur Kolonisierung der menschenleeren Gegenden im Odenwald durch Rodung und Ansiedlung, zur Förderung der Kultur durch Schule und Bibliothek, zur Beteiligung am kaiserlichen Heerbann.

Die 774 geweihte Großkirche wurde 1090 durch einen Brand zerstört. Von dem Neubau steht noch ein Teil des Mittelschiffes. Geblieben ist, wenngleich mit später erhöhtem Dach, die berühmte Königshalle. Sie stand einst fünfzig Meter vor der Kirche am Beginn der Via Sacra, des Heiligen Weges durch das langgestreckte Atrium und die Vorkirche bis in die Hauptkirche und zum Hochaltar. Sie ist einzigartig in Idee und Gestalt, ein

Triumphbogen für den Herrscher nach dem Vorbild des Konstantinsbogens in Rom, ein Beispiel des neuen Reichsbewußtseins in der Tradition des Imperium Romanum der römischen Kaiser. Wahrscheinlich entstand der Bau als Huldigung an Karl nach dessen Kaiserkrönung in Rom im Jahr 800. Antiker Herkunft ist das Motiv des Triumphbogens, aber auch die Mauertechnik mit roten und weißen Sandsteinkacheln auf dem Mauerkern. Römischen Vorbildern folgen auch die Gliederungselemente, die Halbsäulen mit Kompositkapitellen, die Pilaster mit jonischen Kapitellen, die Giebel und Gesimse. Das Obergeschoß enthält einen Saal, eine Königshalle in germanischer Tradition. Architekt dieses kostbaren Bauwerkes ist Einhard gewesen, der Vertraute Karls des Großen, Gelehrter und Jurist, Leiter der kaiserlichen Bauvorhaben und der Kunstwerkstätten. Er

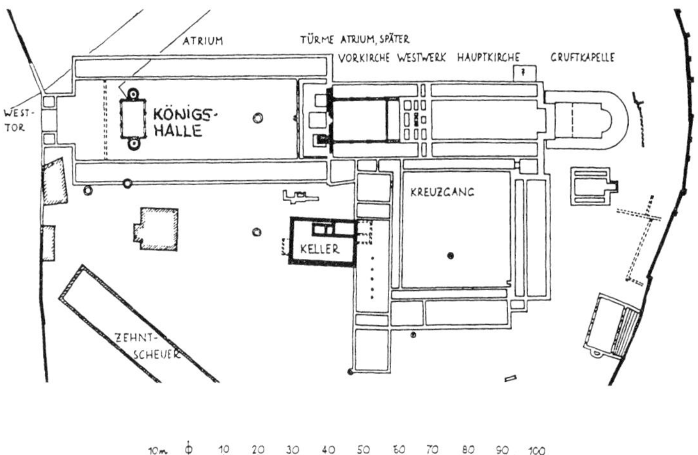

Kirchenbezirk des Klosters Lorsch, Grundriß

war dem Kloster eng verbunden und schenkte ihm die Mark Michelstadt mit seiner Eigenkirche Steinbach.

Südlich Heppenheims überquert die Bergstraße die heutige hessische Landesgrenze, die alte Geleitrechtsgrenze zwischen Kurmainz und Kurpfalz. In Laudenbach begann Pfälzer Gebiet, das 1803 durch den Reichsdeputationshauptschluß an Baden kam. In Hemsbach steht noch das Ritterhaus der pfälzischen Burg, deren Befestigung 1762 abgebrochen wurde. Auf dem Burggelände erbaute um 1850 Karl Meyer Freiherr von Rothschild aus der Dynastie der berühmten Bankiers eine Villa in einer Parkanlage, das heutige »Schloß«. Es ist seit 1925 Rathaus – das eleganteste weit und breit, bei dessen Anblick man sich in das oberitalienische Veneto oder in die Toskana versetzt fühlt. Hemsbach war nicht nur durch den Baron Rothschild mit dem Judentum verbunden. Es war durch einen großen Friedhof und durch eine Synagoge ein Zentrum jüdischen Lebens. Die Synagoge wurde aus der Verwahrlosung gerettet und ist heute ein Haus für Vorträge und Konzerte.

Die nach Darmstadt und Heidelberg größte Stadt an der Bergstraße ist Weinheim. Es war in seinen Ursprüngen ein Dorf an der Weschnitz, das anläßlich einer Schenkung an die Peterskirche in Heppenheim 755 erstmals erwähnt wird. Als 773 Karl der Große die Heppenheimer Mark dem Kloster Lorsch übergab, geriet auch das Dorf »Winenheim« in den Machtbereich des Abtes. Das Kloster war aber nicht nur Landesherr, sondern durch immer neue Schenkungen auch Grundbesitzer der gesamten Gemarkung. Noch heute zeichnet sich das Dorf in der Stadtlandschaft ab. Es war das heutige »Hinnergässerviertel«, nördlich der Weschnitz, während die dem heiligen Petrus geweihte Kirche und der Lorscher Amtshof südlich des Flusses lagen. Als Schutzburg baute Lorsch die Windeck auf einer isolierten Kuppe vor dem Massiv des Wachenbergs. 1232 ging das Dorf mit der Burg an den Erzbischof von Mainz über. Wenig später gründete der südliche Nachbar und der heftigste politische Konkurrent von Kurmainz, der Pfalzgraf, die »Neustadt« Weinheim am Ausgang des Grundelbachtales unterhalb der Windeck. Beide Siedlungszellen wuchsen zusammen, nachdem der Erzbischof 1308 auf seine Rechte in der »Altstadt«, im Dorf Winenheim, verzichtet hatte.

Die neue Stadt, die man heute »Altstadt« nennt, besteht aus der Oberstadt auf einer Schotterterrasse und der Unterstadt am Grundelbach. Zentrum der Oberstadt ist der Marktplatz, von dem nach Süden und Norden die Straßen und Gassen mit Zeilen schönster Fachwerkhäuser ausgehen. In der Unterstadt waren die Gerber zu Hause und gerbten die Häute im Wasser des Gerberbachs, den man vom Grundelbach abgeleitet hatte. Zum Gerben brauchte man Lohe, für die man Eichenrinde aus den Schälwäldern des Odenwaldes in großen Mengen auf Wagen und Karren herbeischaffte.

Vom Marktplatz aus steigt die Obertorstraße vorbei an der katholischen Stadtkirche zum Schloß der Kurfürsten von der Pfalz hinauf, das für zwei Jahre Exil des Pfalzgrafen Ottheinrich war, bis er 1556 als Kurfürst die Regierung in Heidelberg antreten konnte. Und von 1698 bis 1700 war das Schloß provisorische Residenz des Kurfürsten Johann Wilhelm, als Heidelberg von den Franzosen zerstört worden war. Die Grafen Berckheim erweiterten im 19. Jahrhundert das Schloß nach Norden und nach Süden. So entstand ein großer Komplex, in den auch das alte Obertor einbezogen wurde. Es ist das einzige erhaltene Stadttor, durch das einst die Wagen rollten, hinunter zum Marktplatz und durch das Niedertor und auf dem Steinweg zur Weschnitz und durch eine Furt – seit 1614 über eine Brücke – hinüber zum ehemaligen Dorf Winenheim. Der Torturm wurde im 18. Jahrhundert zu Wohngeschossen umgebaut.

Weinheim erlebte im 19. Jahrhundert eine neue Blüte als badische Amtsstadt, durch die Gründung von Fabriken und als Wohnstadt eines begüterten Bürgertums. Man ist in unserer Zeit mit dem Baubestand dieser Epoche nicht sehr schonend umgegangen. Eine von dem großen Weinheimer Baumeister Heinrich Hübsch erbaute Villa in der Bahnhofstraße wurde noch in jüngster Vergangenheit abgerissen. Es gibt auch bemerkenswerte Industriedenkmäler wie den hohen Siloturm der

Gustav Lambert, Marktplatz in Weinheim
Stahlstich um 1850

Hildebrandschen Mühle am Eingang ins Birkenauer Tal. Zu Beginn unseres Jahrhunderts entstanden markante Gebäude im Umkreis des Jugendstils wie die neue Peterskirche auf dem Platz der alten Lorscher Kirche, auch Schulgebäude und hoch über Weinheim die Wachenburg als Festplatz und Kriegergedenkstätte des Weinheimer Seniorenkonvents.

Weinheim hat sich wie alle Orte an der Bergstraße weit in die Ebene und an den Hängen ausgedehnt. Alte Gärten wurden überbaut, Wiesen in Gewerbegebiete verwandelt, und die berühmte Obstbaumblüte, die früher Heerscharen von Ausflüglern anlockte, hat an Reichtum und Fülle eingebüßt. Schon spricht man vom Tod der Bergstraße. Goethes Ideallandschaft, »ein Eckgen wo die Natur in gedrungener Einfalt uns mit Lieb und Fülle sich um den Hals wirft«, wird mehr und mehr versiegelt.

Die südlich Weinheims folgenden Sachsendörfer, Lützelsachsen, Hohensachsen, Großsachsen, erscheinen als »Sahsenheim« in den Lorscher Urkunden. Großsachsen hat sich mit Leutershausen zur Gemeinde Hirschberg verbunden, die ihren Namen nach der Hirschburg trägt, von der oben im Wald nur wenige »grausenerregende Trümmer in kolossalen Maßen herumliegen« (so ein Besucher 1813). Unterhalb der Burg und der Weinberge liegt Leutershausen, dessen urkundliche Geschichte 877 beginnt, als ein Graf Liuthar seine Güter im Weiler Hausen dem Kloster Lorsch schenkt. Im 13. Jahrhundert kam Leutershausen an die Pfalzgrafen. 1701 belehnte Kurfürst Johann Wilhelm den pfälzischen Kanzler Graf Franz Melchior von Wiser mit dem Ort. Dessen Sohn bestellte den Baumeister Rischer, der zusammen mit Breunig im zerstörten Heidelberg viele bedeutende Gebäude neu errichtete, zum Bau eines Schlosses. Es entstand ein schlichter Bau, ursprünglich mit einer Kuppel über den Pilastern der Fassade. Um das Schloß herum entdeckt man im alten Ortskern von Leutershausen noch reizende Winkel, malerische Giebel und die Tabakscheuern, die zum Ortsbild vieler Dörfer der Bergstraße und der Ebene gehören. In den steilgiebligen Bauten hängen im Herbst die Tabakblätter zum Trocknen.

Auf der Straße oder, viel schöner, auf einem Spazierweg am Hang entlang erreicht man Schriesheim. Auch hier war Kloster Lorsch begütert, aber eine größere Rolle spielte das Kloster Ellwangen, das umfangreichen Besitz erwarb. Seine Vögte waren die Edelfreien von Strahlenberg oben auf der Strahlenburg. Südlich des ursprünglichen Dorfes legten sie eine Stadt an, die seit 1347 den Pfalzgrafen gehörte. In einer der pfälzischen Fehden wurde sie 1470 belagert und erobert. Die Stadtmauer wurde geschleift. Schriesheim verlor seine Stadtrechte, die es erst 1964 wiedererlangte. Immerhin wurde der Ort in den folgenden Jahrzehnten zu einem Bergbauzentrum an der Bergstraße. Silbererz und Vitriol wurden geschürft und bis 1939 Schwerspat und Feldspat. Vom alten Bergbau fasziniert waren die Freiwilligen, die in den letzten Jahren eine der alten Gruben, die »Anna-Elisabeth«, freigelegt und zugänglich gemacht haben. Die Gruben wurden in unserem Jahrhundert von den Steinbrüchen abgelöst. Quarzporphyr aus den Tiefen einstiger Vulkane lieferte Schotter für Straßen

ORdnung vnd Freyheit vnser Pfaltzgraue Ludwigs Chůrfürstenn rc. vber das Bergwergk ytzt zů Schryßheim vor augen/oder andern endē vnsers Fürstentumbs endtsteen werden.

Anno rc. M. CCCCC.XXVIII

Titel der Bergwerksordnung Schriesheim 1528

und Schienenwege. Über Schriesheim und auch über Dossenheim leuchten in der Abendsonne gelbrot die Steinbrüche, und die Schauenburg, wohl auch eine Lorscher Schutzburg, balanciert auf einer Klippe über einer Porphyrwand.

Draußen in der Ebene, am Neckar, aber doch zum Bild der Bergstraße gehörend und historisch bedeutend für diesen Landstrich liegt die Römerstadt, Gauhauptstadt, Bischofsstadt Ladenburg. Das römische Lopodunum entstand aus einem Kastell, war Hauptort der »Gaugemeinde der Neckarsueben«, einer Verwaltungseinheit ähnlich den heutigen Landkreisen. Sie bot alle Einrichtungen einer römischen Stadt: ein Forum und eine Marktbasilika, Tempel und Mithras-Heiligtum, Thermen und ein Schauspieltheater.

Am Beginn des 3. Jahrhunderts, als man schon Einfälle der Alemannen befürchten mußte, wurde die Stadt von einer Wehrmauer mit Türmen und Toren umgürtet. Durch die Stadt führte die Fernstraße von Mainz nach dem römischen Heidelberg. Im Süden des Stadtgebietes wurden zahlreiche Töpfereien und Ziegeleien aufgedeckt.

Vom römischen Ladenburg, das Verwaltungszentrum, Handwerkerstadt und Marktort für die umliegenden Siedlungen und Gutshöfe war, künden viele bedeutende Funde: Steinquader und Fundamente, Gefäße und Werkzeuge, Altäre, Meilensteine, Sitzstufen aus dem Theater. Eine Jupiter-Giganten-Säule wurde vor dem Bischofshof wiedererrichtet, der heute das Lobdengau-Museum beherbergt. Lobdengau – das ist der nach Lopodunum benannte Bereich innerhalb der fränkischen Verwaltungsstruktur, der bis tief in den Odenwald ausgriff. Seit 1011 stand er unter der Oberhoheit des Bistums Worms. In der Stadt selbst hatten die Bischöfe schon viel früher Besitzrechte erworben. Ein bischöflicher Hof wurde erbaut anstelle eines fränkischen Königshofes. Dort residierten die Kirchenfürsten, von Mauern mit sechs Türmen geschützt, fern von Worms, mit dessen Bürgern sie in ständigem Streit lagen. War der Bischofshof der eine, so die Galluskirche der andere Pol der mittelalterlichen Stadt. Sie wurde im 13. und 14. Jahrhundert an der Stelle einiger Vorgängerbauten errichtet. Der Chor steht genau auf der Apsis der römischen Marktbasilika, und die Krypta des 11. Jahrhunderts unter dem Chor ist von römischen Mauern ummantelt.

Rings um Kirche und Bischofshof die Altstadt von Ladenburg, die nach dem Zweiten Weltkrieg aus der Verwahrlosung gerettet wurde – eines der schönsten Beispiele der Denkmalpflege in Deutschland. Die Erhaltung des historischen Stadtbildes umfaßt nicht nur die prominenten Gebäude, die Kirchen, Klosterhöfe, Patrizierhäuser, sondern auch die Gassen der kleinen Leute. Ein historisches Denkmal ist auch das Carl-Benz-Haus, wo der Erfinder des Automobils von 1901 bis zu seinem Tode 1929 lebte. Unter den Bäumen des Parkes steht die »älteste Autogarage der Welt«.

Der prächtigste der Ladenburger Adelshöfe ist der Handschuhsheimer Hof. Die Herren von Handschuhsheim hatten ihre Tiefburg im heutigen nördlichen Vorort Heidelbergs, der in Lorscher Schenkungsurkunden seit 765 nachweisbar ist und seit dem 13. Jahrhundert erst als Mainzer, dann als kurpfälzisches Gut an die Herren mit dem Handschuh im Wappen verliehen war. Ihre Grablege ist die Vituskirche. Im gotischen Chor steht das Grabmal des Hans von Handschuhsheim und seiner Schwester Barbara: »Wir beede Geschwistert die letztgeborne dess Handschugsheimer Stammen / Ruhen in der kühlen Erden beysammen«. Das junge Leben des letzten Handschuhsheimers endete am 14. Dezember 1600 in einem blutigen Drama: Der Sechzehnjährige wurde von seinem Widersacher Friedrich von Hirschhorn nachts auf dem Marktplatz von Heidelberg erstochen. So endete der Konkurrenzkampf zweier junger Kavaliere, der in der Überlieferung und in der Literatur sein Echo fand. Der Besitz der Handschuhsheimer ging an die Familie von Helmstadt über.

Über Handschuhsheim erhebt sich der Heiligenberg, der mit seinem Pendant jenseits des Neckars, dem Königsstuhl, die Landschaft um Heidelberg weithin sichtbar markiert. Auf den beiden Kuppen des Heiligenberges fand man Spuren früher Besiedlung, und um 400 vor Christus bauten Kelten die mächtigen Ringwälle. Der Berg war Wohnstätte, Fluchtburg und Ort der Götterverehrung. Die Römer übernahmen die Anlage, verehrten hier gemeinsam mit Kelten und Sueben den Mercurius Cimbrianus, den kimbrischen Merkur, die

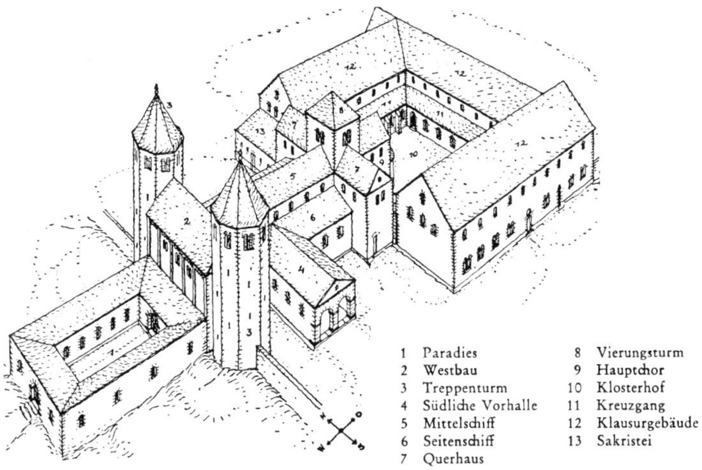

Das Michaelskloster auf dem Heiligenberg, Rekonstruktionsversuch
Aus: Wolfgang von Moers-Messmer, Der Heiligenberg. Brausdruck Heidelberg 1974

germanische Ausprägung des römischen Gottes. Im 9. Jahrhundert wurde der »Aberinsberg« vom König dem Kloster Lorsch geschenkt. Eine kleine Kirche wurde auf der nördlichen Kuppe gebaut, die dem Erzengel Michael geweiht war. Michael war hier wie anderswo Nachfolger des heidnischen Merkur als himmlischer Bote und »Psychopompos«, Geleiter der Seelen ins Jenseits. Um 1020 gründete Lorsch ein Tochterkloster. In mehreren Bauphasen entstand eine mächtige Kirche mit zwei Krypten und einem Vorhof vor der doppeltürmigen Fassade. Im Osten, hinter dem Chor, erstreckten sich die Klausurgebäude um den Kreuzgang. St. Michael hatte auf der südlichen Kuppe ein kleineres Nachbarkloster und ein weiteres im Neckartal, das spätere Stift Neuburg. Alle drei Klöster wurden in der Reformationszeit verlassen. Von den beiden Klöstern auf dem Heiligenberg blieben nur Ruinen und Sagen von vergrabenen Schätzen und unterirdischen Gängen.

Handschuhsheim und der Heiligenberg gehören heute zu Heidelberg, der einstigen Residenz der Pfalzgrafen. Sie waren Vögte des Bistums Worms gewesen und gleichzeitig des Klosters Lorsch. Es war üblich, daß sich kirchliche Institutionen adliger Vögte bedienten, um weltliche Interessen wahrzunehmen. Dieses System mußte zur Machtkonkurrenz und schließlich zur selbstherrlichen Macht der Vögte führen. Gestützt auch auf ihren Familienbesitz gelang den Pfalzgrafen der Aufbau einer mächtigen Territorialherrschaft. Der erste aus ihrer Reihe, Konrad, war 1155 von Kaiser Barbarossa, seinem Halbbruder, mit der Würde eines »Pfalzgrafen bey Rhein« ausgezeichnet worden. Um 1180 gründete oder übernahm er als Lehen des Wormser Bischofs eine Burg auf dem Jettenbühl über dem Neckar, die später von einer zweiten Burg oben auf der Molkenkur sekundiert wurde. Der zugehörige Burgweiler lag am Klingenteichbach um eine kleine Peterskirche.

Nebenan wurde die Stadt auf dem Grundriß eines langgestreckten Dreiecks geplant und gebaut, tausend Jahre nach dem römischen Heidelberg, das draußen in der Ebene beiderseits des Neckars lag mit mehreren Kastellen und einer ausgedehnten Zivilsiedlung. Wie schon das römische Heidelberg mit seiner Neckarbrükke, auf der sich die Fernstraßen bündelten, war auch die Stadt des Mittelalters ein wichtiges Straßenkreuz. Von Westen nach Osten zog eine Handelsstraße vom Rhein ins Frankenland durch die Stadt. Von Norden her führte die Bergstraße auf den Neckar zu und querte ihn auf einer Brücke, die immer wieder einmal von Hochwasser und Eisgang eingerissen wurde. Die heutige Alte Brücke ist der neunte Brückenbau, eine ästhetisch wie technisch gleich überzeugende steinerne Bogenkonstruktion anstelle der früheren Holzstege auf Steinpfeilern. Dichter rühmten den eleganten Schwung der auf- und wieder absteigenden Bögen – Hölderlin: »Wie der Vogel des Walds über die Gipfel fliegt ...« –, und Maler waren fasziniert von dem Dreiklang Schloß, Stadt und Brücke. Sie führt ins Herz der Stadt, zum Marktplatz mit der Heiliggeistkirche und dem Rathaus.

Die ersten Stadt- und Landesherren aus dem Geschlecht der Staufer und der Welfen hatten 1214 ihre

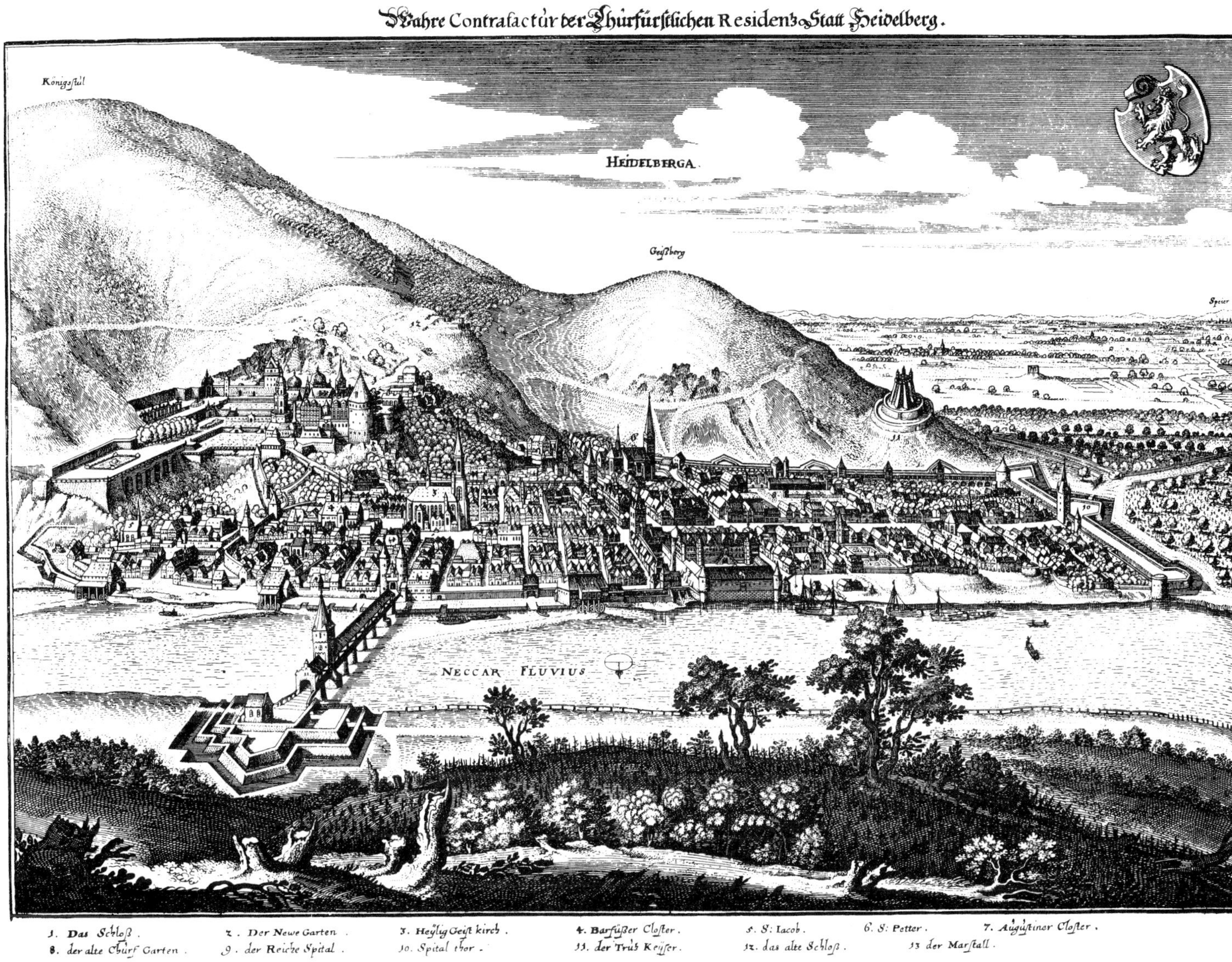

Matthäus Merian. Aus: Topographia Palatinatus Rheni 1646

Macht an die bayrischen Wittelsbacher vererbt. Ihr Pfälzer Zweig regierte die Pfalz, bis Napoleons neue Ordnung den Staat auflöste und die rechtsrheinischen Gebiete dem neu entstandenen Großherzogtum Baden zuschlug. Die Wittelsbacher Pfalzgrafen machten ihre Residenzstadt zu einem politischen und geistigen Brennpunkt. Ruprecht I., Verwandter und Vertrauter Kaiser Karls IV., errang 1356 für sich und seine Nachfolger die Kurfürstenwürde. 1386 gründete er nach dem Vorbild Prags die Universität. Professoren und Studenten zogen in die Stadt.

Die Pfarrkirche Heiliggeist ist nun Stiftskirche, deren zwölf Kanonikate mitsamt ihren Pfründen den Professoren zukommen. Das Stadtgebiet wird eng. Deshalb

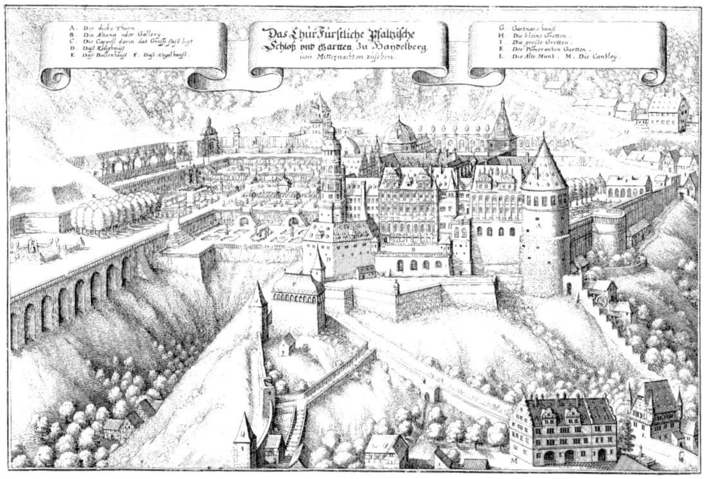

Matthäus Merian, Schloß und Garten zu Heidelberg, Kupferstich. Aus: Topographia Palatinatus Rheni 1645

erweitert Ruprecht II. im Jahre 1392 Heidelberg nach Westen hin um mehr als das Doppelte. Sein Nachfolger Ruprecht III., der deutscher König wird, baut eine neue Heiliggeistkirche, die auch die Gräber der Fürsten aufnehmen wird und auf ihren Emporen die Bibliotheca Palatina.

Die Burg über der Stadt wurde zu einem Schloß ausgebaut. Große Pracht zog ein. Ottheinrich, jener Kurfürst, der vor seinem Regierungsantritt 1556 einige Jahre im Weinheimer Schloß gewohnt hatte, begann den Bau eines grandiosen Palastes, Muster der deutschen Renaissance in seiner Symmetrie, mit seiner klaren Gliederung, mit seinem humanistischem Geist verpflichteten Figurenprogramm. Seine Nachfolger errichteten ihre eigenen Paläste, den Friedrichsbau, den Englischen Bau, und um das Schloß entstand der damals weltberühmte Hortus Palatinus, der Schloßgarten im Geschmack des Manierismus. Heidelberg blühte, bis Friedrich V. als Führer der protestantischen Partei sich verleiten ließ, die böhmische Königskrone anzunehmen.

Der Dreißigjährige Krieg, der daraufhin ausbrach, fügte Heidelberg und der Pfalz, auch der Bergstraße und dem Odenwald schwere Schäden zu. Heidelberg wurde von den Kaiserlichen beschossen und erobert. Die Bibliotheka Palatina wurde von den Emporen der Heiliggeistkirche in fünfzig Planwagen nach München entführt und dann auf den Rücken von Maultieren über die Alpen nach Rom gebracht. Am Ende dieses Jahrhunderts wurde Heidelberg abermals vom Krieg heimgesucht. Die Stadt und mit ihr die ganze Pfalz wurden bis auf die Grundmauern und die Ackerkrume verwüstet. Die Mauern des Schlosses wurden gesprengt. Nach den Franzosenkriegen war die Stadt 1693 ein Trümmerfeld. Der Wiederaufbau ist mit den Leiden und Mühen des namenlosen Volkes und mit den Leistungen zweier Baumeister verbunden: Johann Jakob Rischer baut das Hopital St. Anna, die Hofapotheke am Markt, die Providenzkirche an der Hauptstraße und sein eigenes Wohnhaus in der Unteren Straße; Johann Adam Breunig baut die Universität, das Langhaus der Jesuitenkirche, das Haus zum Riesen und das Palais Moraß in der Hauptstraße. Dort ist seit 1905 das Kurpfälzische Museum untergebracht, eine bedeutende Sammlung mit dem Windsheimer Zwölfbotenaltar des Tilman Riemenschneider, den Porzellanen aus der Frankenthaler Manufaktur, den Gemälden und Zeichnungen der Heidelberger Romantiker und den lebendig präsentierten Funden aus dem römischen Heidelberg.

Heidelberg war nicht nur die Stadt der Universität mit Professoren und Studenten, nicht nur die Stadt des Schlosses und der kurfürstlichen Hofhaltung – eine Rolle, die ohnehin 1720 an Mannheim verlorenging –, war vielmehr auch eine Stadt der kleinen Leute, des Hofgesindes, der Handwerker, der Ackerbürger. Ihre Gassen wurden nach der Stadtzerstörung in einem reduzierten, sehr bescheidenen Barockstil wiederaufgebaut. In den engen Höfen drängten sich Ställe und Werkstätten. Das war das Milieu, dem der Sattlergeselle und Reichspräsident Friedrich Ebert entstammte. In seinem Geburtshaus ist heute ein Museum eingerichtet.

Die Bergstraße, der wir bis Heidelberg gefolgt sind, hört nicht am Neckar auf. Der Odenwald erstreckt sich auch noch südlich des Flusses, und wo der »Kleine Odenwald« zur Ebene abbricht, setzt sich die Bergstraße noch ein Stück weit fort, über den Stadtteil Rohrbach, über Nußloch und Leimen bis Wiesloch. In der Ebene und an den Hängen dehnt sich dichte Bebauung. Aber inmitten des Siedlungs- und Industriegürtels, in Leimen, steht ein wunderschönes Palais, das Peter Anton von Verschaffelt, Mannheimer Hofbildhauer, am Ende des 18. Jahrhunderts für den reichen Kaufmann und Tuchfabrikanten Aron Elias Seligmann gebaut hat. Im Leimener Stadtteil St. Ilgen draußen in der Ebene steht die ehemalige Propsteikirche St. Ägidius, die im Mauerwerk bis ins 12. Jahrhundert zurückreicht. Im Tympanon des Portals erscheint der Heilige, der in der Provence seine Wunder wirkte, segnend zwischen zwei knieenden Gestalten.

Und dann Wiesloch: In der Römerzeit Vicus, Siedlung, bei einer Straßenkreuzung, im Mittelalter Lorscher Marktort und Platz einer Silbergrube. Vom alten Wiesloch ist nach der Zerstörung durch die Franzosen 1689 nicht mehr viel erhalten. Das Schloß der Pfalzgrafen wurde dem Erdboden gleichgemacht. Nur ein einziger Turm blieb erhalten und dient der benachbarten Laurentiuskirche als Glockenturm. Der Innenraum der äußerlich schlichten Kirche ist schön stuckiert und mit kostbaren Altären ausgestattet. Wiesloch hat in der Geschichte der Technik eine kleine, aber amüsante Rolle gespielt, als Berta Benz mit ihren Söhnen 1888 auf der Benzinkutsche ihres Gemahls die mutige Fahrt von Mannheim nach Pforzheim wagte. Der Treibstoff ging aus, und die Stadtapotheke zu Wiesloch wurde zur ersten Tankstelle in der Geschichte des Automobils.

Zurück an den Neckar: Der Fluß, der zwischen Heiligenberg und Königsstuhl in die Ebene strömt, hat sich seinen Weg durch die Berge gesägt, ist auf siebzig Kilometer seines Unterlaufs ein Odenwaldfluß. Er ist auch mit der politischen und kulturellen Geschichte des Odenwaldes eng verbunden, war Kulturachse im Süden wie der Main im Norden. Heidelberg endete einst im Osten am Karlstor, das neben dem Fluß als festungsartiges Triumphtor von 1775 bis 1781 zu Ehren des Kurfürsten Karl Theodor errichtet wurde. Es markierte die Fortsetzung der alten Handelsstraße vom Rheinland ins Frankenland. Heute steht es abseits. Die Straße und die im Berufsverkehr nicht abreißende Kette von Autos und Lastwagen weicht dem Tor aus.

Zwei Kilometer oberhalb des Karlstores und der Karlstorschleuse liegt auf dem nördlichen Ufer Stift Neuburg. Die kleine Niederlassung wurde um 1130 vom Kloster Lorsch gegründet und war zuerst von Mönchen, seit 1195 von Nonnen besetzt. Im 16. Jahrhundert, als Kurfürst Ottheinrich in der Pfalz die Reformation durchsetzte, erlosch das Klosterleben. Kloster und Kirche gingen von Hand zu Hand. 1825 kaufte der Frankfurter Rat Friedrich Schlosser, ein Neffe Goethes, die Gebäude. Er richtete ein Goethemuseum ein und machte den Ort zur »Romantikerklause«. Dichter, Maler und Musiker, Professoren und Kirchenmänner trafen sich hier zu Gesprächen und Lesungen und träumten von einer Wiederkunft des alten christlichen Reiches. Hundert Jahre später, seit 1908, tagte hier abermals ein Zirkel erlesener Geister als Gäste des Alexander von Bernus in einer Atmosphäre hoher Geistigkeit und poetischer Entrücktheit. Nach der Inflation mußte Bernus 1926 das Stift verkaufen – die Benediktiner zogen wieder ein. So ist Neuburg heute die einzige noch lebendige Tochtergründung des Klosters Lorsch.

Wo – flußaufwärts – die Elsenz, die aus dem Kraichgau kommt, in den Neckar mündet, entstand im 13. Jahrhundert Neckargemünd mit den Rechten einer Reichsstadt unterhalb einer staufischen Burg. 1329 kam Neckargemünd in den Besitz der Pfalzgrafen. Die gotische Pfarrkirche schaut über die Reste der Stadtmauer

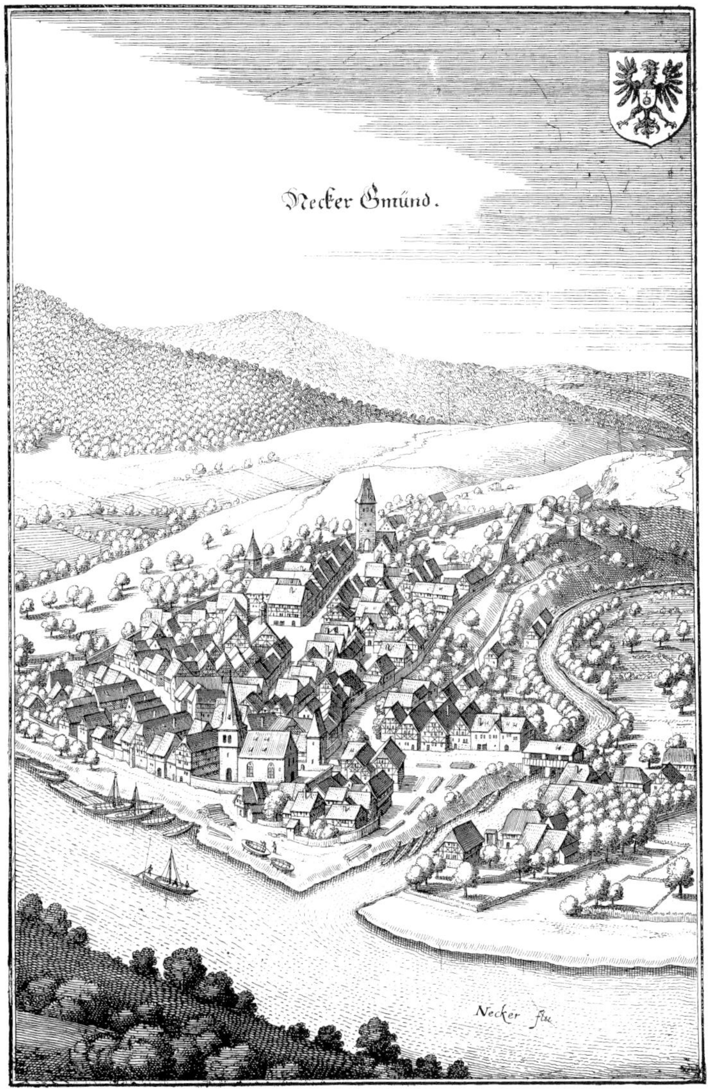

Matthäus Merian, Neckargemünd
Aus: Topographia Palatinatus Rheni 1645

hinweg auf das Ufer, wo heute die Ausflugsschiffe anlegen und früher die Baumstämme lagerten, die zu Flößen verbunden den Neckar abwärts glitten – Neckargemünd war Holzhandelsplatz wie Eberbach, wie Neckarelz. Durch das Städtchen verlief die Handelsstraße, die von Heidelberg kam und über Mosbach nach Würzburg, über Wimpfen nach Nürnberg führte. Am Ortsausgang passierte sie eine Triumphpforte, die wie das Karlstor in Heidelberg jenem Kurfürsten gewidmet war, der 1777 die Erbfolge in Bayern antrat und nach München zog. Beide Torbauten sind Zeichen der Ehrerbietigkeit der Bürger, die durch den Wegzug Karl Theodors bitter enttäuscht wurden, obwohl sie doch so viel für diese Prachtbauten bezahlen mußten.

Die alte Landstraße führte vom Neckar weg nach Süden, folgte zunächst einer alten Neckarschlinge, die Sand und Kies hinterlassen hat. In einer Kiesgrube bei Mauer fand der Arbeiter Daniel Hartmann 1907 den Unterkiefer des Homo Heidelbergensis, den wohl ältesten Nachweis menschlichen Lebens in Europa. Rudolf Lehr hat die Geschichte des Fundes in einem köstlichen Mundartgedicht geschildert:

Da kommt der Daniel abends zum Stammtisch
»un ruft: Ehr Leit, do seht den Brocke,
wu in de Grub im Sand isch gstocke –
guckt eich des Stick a(n), owwe, unne,
ich glaab, ich hebb de Adam gfunne!«

In und um Wiesenbach waren Römer zu Hause. Man fand im Ort Reste eines Wohngebäudes, zwischen Wiesenbach und Neckargemünd eine Villa rustica und in ihrer Nähe einen Brunnen, der rekonstruiert wurde. Die römische Straße von Ladenburg und Heidelberg zum Limeskastell Neckarburken zog unweit vorbei. Weiter östlich liegt Lobenfeld in einem reichen Fundgebiet. Hier, mitten im Kleinen Odenwald, ist wohl der Vicus Nediensis zu lokalisieren, von dem eine römische Inschrift spricht. Im Mittelalter lag hier das Gut Lobenfeld, das der Grundherr 1145 dem Augustinerchorherrenstift Frankenthal schenkte. Die Frankenthaler gründeten eine Propstei, die den Bau einer monumentalen Kirche begann. Sie wurde nie vollendet. Chor und Querschiff entstanden unter dem Einfluß der Bauhütte, die den Ostchor des Domes zu Worms errichtet hatte. Die Vollkommenheit der Proportionen, die sorgfältige Mauerung der Wände, die Gliederungen durch Rundbogenfriese und Schmuckbänder, die Pfeilerkapitelle und Bandrippengewölbe im Inneren folgen dem großen Wormser Vorbild. Erst im 15. Jahrhundert setzte man das bescheidene Langhaus an die edle Architektur der Ostteile. Das Kloster, in das schon im 13. Jahrhundert Nonnen eingezogen waren, geriet später unter pfälzische Herrschaft und wurde in der Reformation säkularisiert. Im 17. Jahrhundert wurden hier Reformierte ansässig, dann Mennoniten als Pächter der Klostergüter.

Aus dem Kleinen Odenwald, der landschaftlich reizvoll ist, wenig bekannt und unverbraucht mit weiten Äckern und Wiesen und Wäldern, zurück an den Neckar. Gleich hinter Neckargemünd thront über einer Flußschleife auf hohem Bergrücken die Festung Dilsberg. Sie war seit dem 14. Jahrhundert pfälzischer Besitz, Stützpunkt pfälzischer Herrschaft im Neckartal, Zufluchtsstätte für den Heidelberger Hof. Sie wurde oftmals belagert und bestürmt, aber nie bezwungen – wenn nicht ihre Besatzung kapitulierte. Die Spitzhakken des 19. Jahrhunderts haben die gewaltigen Mauern zerstört, die von den Häusern des Burgstädtchens umgeben sind.

Gegenüber dem Dilsberg, am anderen Ufer, die Stadt Neckarsteinach mit ihren vier Burgen. Die Besitzgeschichte der Burgen und des Ortes ist verworren. Als Lehensherren erscheinen die Bischöfe von Worms, die seit dem 10. Jahrhundert ihren Machtbereich im Neckartal ausbauen, aber auch die Bischöfe von Speyer und die Erzbischöfe von Mainz, ferner die Pfalzgrafen. Unter den Lehensleuten sind die »Landschad« (Landscheide, Grenze) von Steinach, denen es gelingt, die vier Burgen in ihrem Besitz zu vereinigen. Die Hinterburg ist die älteste, mit einem Bergfried aus staufischer Zeit. Und Burg Schadeck, »Schwalbennest«, westlich vor dem Ort, ist die spektakulärste, wie sie da am Steilhang über dem Fluß klebt. In der spätgotischen Pfarrkirche von Neckarsteinach begegnet man den Rittern in monumentalen Grabsteinen des 14. Jahrhunderts und ihren Zeitgenossen Pfalzgraf Philipp und Otto von Hirschhorn mit seiner Gemahlin in den Glasgemälden eines Chorfensters, deren Originale das Darmstädter Landesmuseum 1936 angekauft hat.

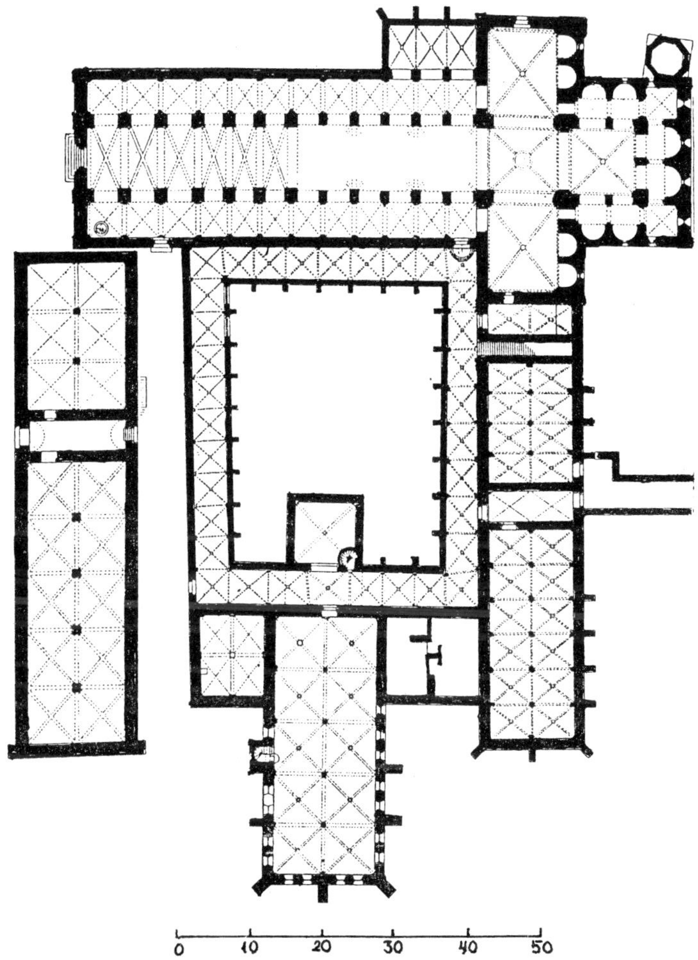

Zisterzienserkloster Schönau, Grundriß nach R. Edelmaier

Nördlich von Neckarsteinach, im Tal der Steinach, stiftete 1142 der Bischof von Worms das Zisterzienserkloster »Schöne Au«, das von Mönchen aus Eberbach im Rheingau besiedelt wurde. Und von Schönau aus wurde als Tochterkloster Bebenhausen bei Tübingen gegründet. Schönau wurde bei aller von der Ordensregel geforderten Askese eine wohlhabende Abtei mit Landbesitz bis in die Rheinebene und Stadthäusern in Heidelberg, Worms, Speyer und Frankfurt. Die Pfalzgrafen hatten den Schutz des Klosters übernommen. Angehörige ihres Geschlechtes und des Odenwälder Adels fanden hier ihre Grablege. Die Klosteranlage entsprach mit ihrer strengen Rechtwinkligkeit dem zisterziensischen Idealplan. Die Kirche im Norden war mit 84 Meter Länge eine der größten Ordenskirchen überhaupt. Im Osten lagen Kapitelsaal und Mönchssaal. Im Süden öffnete sich zum Kreuzgang hin das Herrenrefektorium. Die Laienbrüder waren im Konversenbau westlich des Kreuzganges untergebracht.

Mit der Reformation endete auch in Schönau das klösterliche Leben. Wallonische Religionsflüchtlinge, unter ihnen viele Tuchmacher, wurden angesiedelt. Die verwahrlosenden Klosterbauten dienten als Steinbruch für die Häuser. Nur das Refektorium blieb erhalten. Es wurde fortan als evangelische Kirche genutzt. Die zweischiffige Halle mit runden Mittelpfeilern, von denen Gurtbögen und Kreuzrippen aufsteigen, wurde in der Blütezeit des Ordens um 1230 gebaut. Sie war der schöne Rahmen des kargen gemeinsamen Mahles. Man findet im Städtchen Schönau noch einige Relikte des Klosters. Die Fundamente der Kirchenfassade wurden freigelegt. Es gibt noch das Klostertor und neben ihm die Mauern der Torkapelle. Die Wohnung des Abtes ist heute Forsthaus, und die Brunnenschale aus dem Kreuzgang steht als Stadtbrunnen auf dem Marktplatz.

Ebenfalls nördlich von Neckarsteinach liegt das Dorf Darsberg auf einer Hochebene zwischen den Tälern der Steinach und des Finkenbachs. Um das Dorf das typische Landschaftsbild des Buntsandsteinodenwaldes: die weiten Wellen und Höhenzüge im Gegensatz zu den steilen Kegeln, Kuppen, den vielgestaltigen Bergrücken im Westen, im Granitodenwald. Am Ortsrand von Darsberg steht eine kleine, bescheidene Kapelle. Im Inneren strahlt ein gotischer Flügelaltar in leuchtenden Farben: Im ganz zu öffnenden Schrein eine geschnitzte Muttergottes, auf den Innenseiten der Flügel gemalte Heilige. Das kleine Altarwerk ist 1460 von einem mittelrheinischen Meister geschaffen worden.

Die Straße führt steilab wieder hinunter ins Neckartal und weiter stromauf. An einer engen Flußschlinge liegt Hirschhorn. Hoch über Fluß und Stadt ragt die Burg, deren Außenmauern zur Stadt hinunterziehen und sich in den Stadtmauern fortsetzen, so daß ein einziges Befestigungssystem entsteht, das auch das Karmeliterkloster, das Hauskloster der Herren von Hirschhorn, einbezieht. Die saßen auf ihrer Burg als Lehensträger von Kurpfalz. Ihr Geschlecht starb 1632 aus – der Überlieferung nach späte Folge jenes verhängnisvollen Rangstreites zwischen den jugendlichen Vettern Friedrich von Hirschhorn und Hans von Handschuhsheim auf dem nächtlichen Heidelberger Marktplatz am 14. Dezember 1600. Friedrich erstach seinen Rivalen, und der Fluch der Mutter des letzten Handschuhsheimers habe, so sagt man, auch das Ende des Hirschhorner Geschlechts besiegelt. Überdauert wurde es von der Burg, die in dem steilen Renaissanceflügel gipfelt.

Unterhalb der Burg am Steilhang liegt das Kloster. Die Kirche hat ein breitgelagertes einschiffiges Langhaus, dem sich ein schmalerer Mönchschor und der Chorraum mit hohen Maßwerkfenstern anschließen. An den Wänden sieht man Grabsteine der Hirschhorner und bewegte barocke Figuren vom ehemaligen Hochaltar. Reste von Wandmalereien bedecken die Wände.

Neben der Kirche steht der ehemalige Konventbau, heute Pfarrhaus. Der Kapitelsaal bewahrt die Ausmalung vom Beginn des 16. Jahrhunderts. Sie stammt von einem der Großen der Dürerzeit, von Jörg Ratgeb, der den Realismus der späten Gotik und die Ausgewogenheit der Renaissancekunst in heftige Gestik und schmerzende Farben verwandelte. Sein Hauptwerk ist der

Herrenberger Altar in Stuttgart. Im Kloster zu Hirschhorn erzählte er in ursprünglich zehn Bildern, von denen sechs stark verblaßt erhalten sind, das Leben des Propheten Elias, und an die Fensterpfeiler malte er die monumentalen Gestalten der Ordensheiligen. Von Hirschhorn, so wird vermutet, ist Ratgeb durch den Subprior an das Frankfurter Ordenshaus der Karmeliter empfohlen worden. Dort erwartete ihn ein gewaltiger Auftrag: die Ausmalung von Kreuzgang und Refektorium. 1526 wurde Ratgeb als Rädelsführer der revoltierenden Bauern zum Tode verurteilt und auf dem Marktplatz zu Pforzheim in Stücke gerissen.

Von den Mauern des Karmeliterklosters sieht man über den Neckar hinweg auf die neuen Wohnhäuser Hirschhorns, die den Umlaufberg der engen Neckarschlinge überkrusten. Ihnen benachbart drängen sich Fabrikbauten, und inmitten der Verwüstung eines vor fünfzig Jahren noch einzigartigen Landschaftsbildes hält sich ein Friedhof und in seiner Mitte die Ersheimer Kapelle, einst Pfarrkirche des Dorfes Ersheim und Grablege der Herren von Hirschhorn, ein spätgotischer Bau mit polygonal gebrochenem Chorhaupt.

Neckarsteinach und Hirschhorn sind die südlichsten Städte Hessens, denn die Landesgrenze greift hier weit nach Süden bis an den Neckar aus. Vor Eberbach gelangt man wieder auf badisches Territorium. Eberbach verdankt seine Entstehung den Staufern. König Heinrich VII. hatte 1227 eine Burg der Bischöfe von Worms am Berg über dem Fluß übernommen, die später durch zwei weitere Burgen zu einem Festungskomplex ergänzt wurde. Zu Füßen der »Burghälde« gründeten die Staufer eine Stadt als Viereck mit starken Mauern und Ecktürmen, die heute noch stehen. Eberbach war wie Hirschhorn, Neckarsteinach, Neckargemünd eine Stadt der Flößer, der Schiffer und der Fischer. Daran erinnert ein moderner Brunnen im Hof der ehemaligen Kurpfälzischen Kellerei: Fischer, die ihr Netz aus dem Wasser ziehen, über Sandsteinblöcken vom Grund des Neckars, in die sich die Kette der Kettenboote eingeschliffen hat. Seit 1878 lag eine 115 Kilometer lange Kette, von Mannheim bis Heilbronn, im Flußbett, die über die Trommel des dampfgetriebenen Zugbootes lief. An der Kette zog sich der »Neckaresel« flußaufwärts und schleppte hinter sich die Lastkähne. Erst die Kanalisierung des Flusses beendete die Kettenschiffahrt, die ihrerseits die von Pferden auf dem Treidelpfad gezogenen Kähne abgelöst hatte. Noch bis 1935 schwammen auch Flöße auf dem Neckar zum Rhein.

Das 1330 an die Pfalz verpfändete Eberbach kam 1803 an die Fürsten von Leiningen, die Napoleon im Odenwald für ihre linksrheinischen Gebietsverluste entschädigt hatte, und drei Jahre später bei der Mediatisierung der Standesherrschaft Leiningen unter badische Hoheit. Das Städtchen hat sich in den letzten Jahren sehr bemüht, seine alte Bausubstanz zu bewahren oder wiederherzustellen. Die Straßen wurden vom Verkehr befreit und gepflastert, Häuser restauriert, Plätze und Brunnenanlagen geschaffen, Bäume gepflanzt.

Friedrich Würthle, Schloß Zwingenberg, Stahlstich
Aus: Payne's Universum um 1856

Oberhalb des Eberbacher Neckarknies blicken von den Höhen des linken Ufers die Ruinen zweier großer Burgen auf den Fluß. Da ist die Burg Stolzeneck mit ihrer mächtigen Mantelmauer. Sie wurde 1284 von den Pfalzgrafen erworben. Und weiter stromauf liegt die sagenumwobene Minneburg mit einem prächtigen Palas. Auch sie kam in pfälzischen Besitz. Drüben, auf dem anderen, dem rechten Neckarufer, kontrollierte Burg Zwingenberg die Schiffe auf dem Neckar. Die Zwingenberger erhoben Wasserzoll, gerieten deswegen immer wieder in Streit mit ihren mächtigeren Nachbarn. Ihre Burg wurde 1363 zerstört, aber von den Herren von Hirschhorn wieder aufgebaut. Nach dem Erlöschen des Geschlechts und nach langen Auseinandersetzungen fiel die Burg an Kurpfalz und schließlich, mit der ganzen rechtsrheinischen Pfalz, an das junge Großherzogtum Baden. Seit 1808 ist sie privater Besitz der Markgrafen von Baden.

Wo von Nordosten her, aus dem hohen Odenwald kommend, der Elzbach in den Neckar mündet, liegt Neckarelz. Hier überquerte die römische Straße zum Limeskastell Osterburken den Neckar und ringsum lagen römische Gutshöfe. Im späten Mittelalter war Neckarelz kurpfälzische Zollstation. Von 1297 bis 1350 hatte der Johanniterorden hier eine Niederlassung. Die Burg der Ordensritter, das »Templerhaus«, ragt aus den Neckarwiesen. Es ist ein überraschend steiler Bau auf engem Grundriß, eine Ordensburg in ungewöhnlicher Form, die Kirche, Unterkünfte und Wirtschaftsräume umschloß.

Nahe der Mündung des Elzbaches in den Neckar liegt an der Römerstraße nach Neckarburken und Osterburken und an der mittelalterlichen Handelsstraße nach Würzburg die Fachwerkstadt Mosbach. Sie erhielt 1291 die Stadtrechte, war in königlichem Besitz, wurde 1330 pfälzisch und war im 15. Jahrhundert sogar Residenzstadt. Eine pfälzische Zweiglinie residierte in einer später abgebrochenen Burg. Ein Großbrand vernichtete 1723 Teile der Stadt, aber viele Bürgerhäuser mit reichem Fachwerk blieben doch erhalten oder wurden nach der Katastrophe neu erbaut. Sie bieten, wie sie an

Matthäus Merian, Mosbach, Kupferstich
Aus: Topographia Palatinatus Rheni 1645

der geschwungenen Hauptstraße und in den Gassen aufgereiht sind, ein Bild von seltener Geschlossenheit.

Auch das benachbarte Lohrbach mit seinem Wasserschloß war pfälzisch und im 15. Jahrhundert Besitz der Mosbacher Seitenlinie. In der evangelischen Pfarrkirche entdeckte man 1950 im Untergeschoß des Chorturmes einen vollständigen Freskenzyklus aus dem Ende des 14. Jahrhunderts. Der gewölbte Raum hatte lange als Kohlenkeller gedient. Die Malereien von anrührender Schlichtheit schildern die Begebenheiten der Heilsgeschichte seit der Erschaffung der Welt. Sie bedecken in Streifen die Wände bis hinauf zum Gewölbe. Vorherrschende Farbe ist das leuchtende Blau des Grundes. Die Binnenzeichnungen und die Umrisse sind in kräftigen Linien auf weiße Flächen gesetzt. Einige Details sind durch Ockergelb akzentuiert.

Verlassen wir den südöstlichen Odenwald und das Neckartal, um nun von Westen her in das Gebirge einzudringen. Dazu bietet sich die Nibelungenstraße an, die Worms über Lorsch und Bensheim mit Michelstadt und Amorbach verbindet und schließlich bis Würzburg führt. Sie erhielt ihren Namen – ebenso wie die Siegfriedstraße über Heppenheim – in jener Zeit, als deutsche Geschichte mythisiert und nationalistisch mißbraucht wurde: »... was einst als Weg vom Rhein zur Donau tragischen Untergang bedeutete, das erfüllt heute im Namen ›Nibelungenstraße‹ einen innerlichen, einen heldischen Aufbruch, ein Symbol der Einheit vom heiligen deutschen Rhein bis zur deutschen Donau, Ader, aus der man den Herzschlag eines großen, glücklichen, freien Deutschlands erspürt«. Nun mögen die Burgunderherrscher auf diesem Wege zur Jagd in den Odenwald geritten sein. Aber ihr Zug zum Hofe des Königs Etzel in Ungarn würde eher das Neckartal aufwärts zur Donau geführt haben. Daß der Dichter des Nibelungenliedes die Geographie dieser Gegenden sehr wohl kannte, hat man am Text nachgewiesen, und vielleicht war er ja wirklich der Abt Sigehard des Klosters Lorsch. Dennoch scheint es unzulässig, Details der gewaltigen Dichtung als bare historische Münze zu nehmen und sie exakt zu lokalisieren. Das führte zu der kuriosen Vielzahl von Siegfriedbrunnen und Siegfriedquellen, und an allen diesen Plätzen soll der junge Held vom grimmen Hagen ermordet worden sein!

Die Nibelungenstraße folgt von Bensheim her dem Flüßchen Lauter, vorbei an Schloß Schönberg nach Reichenbach. Nördlich des Ortes und über dem schönen Dörfchen Beedenkirchen, im Herzen des Granitodenwaldes, ragt der Felsberg auf. An seiner östlichen Flanke scheinen tausende gewaltiger Felsblöcke herabgestürzt zu sein. Das Felsenmeer ist indessen durch Verwitterung der einst geschlossenen Granitschicht entstanden. Die Römer entdeckten die offen liegenden Lager besten Hornblendegranits und begannen den Abbau. Pioniereinheiten der Rheinarmee haben auch noch nach der Aufgabe der rechtsrheinischen Gebiete wohl im Einvernehmen mit den Alemannen hier gearbeitet, haben die Blöcke gespaltet und zersägt, haben Säulen und Sockel zugehauen. Die Bögen des Nordbaues der gewaltigen römischen Kirchenanlage in Trier, die im 4. Jahrhundert entstand, wurden von mächtigen, über zwölf Meter hohen Säulen aus Felsberggranit getragen. Im Bereich des Felsenmeeres sind an zahlreichen Blökken römische Arbeitsspuren zu erkennen. Da ist die »Riesenkiste«, der »Altarstein«, das »Schiff« und, als Glanzstück, die Riesensäule, die zwar fertig bearbeitet ist, aber nie abtransportiert wurde. Und der Transport: Vielleicht auf Rollen oder Schlitten, vielleicht über eigens angelegte Staustufen der Lauter auf Flößen bis in die Ebene und dann auf der Weschnitz zum Rhein. Nach dem Abzug der Römer erlosch die Steinindustrie. Sie wurde erst 1879 in den Steinbrüchen von Reichenbach wieder aufgenommen, erlebte um 1900 ihre Blüte und endete 1968: Der Beton hatte den Felsberggranit besiegt.

Lindenfels, Kupferstich
Aus: Albert Ludwig Grimm, Vorzeit und Gegenwart 1822

Die Nibelungenstraße folgt weiterhin der Lauter und kurvt dann südwärts auf die Höhe von Lindenfels. Die alte Bergstadt, einst Grenzfestung des Klosters Lorsch, gelangte 1277 durch Kauf an die Pfalz, wurde Stützpunkt des Odenwälder Besitzes der Pfalzgrafen und

Kurfürsten. Über dem Städtchen, dessen Mauern teilweise erhalten von der Oberstadt ins Tal hinunterziehen, liegt die Burg. Sie war nicht nur Festung, sondern auch fürstliches Gefängnis und 1490 Refugium der kurfürstlichen Familie, als in Heidelberg die Pest wütete. 1779 wurde die Burg zum Abbruch freigegeben und fortan als Steinbruch ausgebeutet. 1803 schlug man Lindenfels dem Großherzogtum Hessen-Darmstadt zu. Heute ist Lindenfels Kurort, Touristenziel und Mittelpunkt einer Großgemeinde, zu der auch das unterhalb des Burgberges gelegene Schlierbach gehört, ein ansehnliches Dorf mit einem eigenartigen Friedhof: Auf den Gräbern stehen »Grabstickel«, anderthalb Meter hohe weiß gestrichene Bretter, wie sie früher auch als Totenbahren gedient haben. Sie sind mit Namen, Wohnort und Sterbejahr des Toten beschriftet. Auf dem Kopf des Totenbrettes symbolisiert ein Blumenornament mit drei Blüten über einem Topf, aus dem Luftwurzeln wachsen, das Werden, Vergehen und Auferstehen. Die Grabbretter sind in ihrer ergreifenden Schlichtheit und im Verzicht auf die Darstellung des Gekreuzigten Zeugnisse reformierten Glaubens: »Du sollst Dir kein Bild machen!«

Die Nibelungenstraße von Lindenfels über Gumpen nach Reichelsheim führt in eine Landschaft, die – wo sie nicht verbaut und versiegelt ist – zunehmend offener, großflächig wirkt. Zwischen Äckern und Wiesen liegen prächtige Einzelgehöfte, Vier- oder Dreiseithöfe, nicht von Nachbarn bedrängt, ganz anders als die bescheidenen Einhäuser, die vor dem letzten Krieg, vor der Abriß- und Modernisierungswelle unserer Zeit mehr als Dreiviertel des Hausbestandes im Odenwald ausmachten.

Diese Landschaft ist die Heimat des Rodensteiners. Burg Rodenstein entstand im 13. Jahrhundert als Festung der Herren von Crumbach, deren jüngere Linie sich »von Rodenstein« nannte. Sie wurde Mittelpunkt der Sagen um den »Rodensteiner«, dem Werner Bergengruen im »Buch Rodenstein« ein literarisches Denkmal setzte, um den Ritter, der keine Ruhe im Grabe fand und mit seinem wilden Heer zwischen den Burgen Rodenstein und Schnellerts durch die Lüfte jagt, der Krieg bringt oder Frieden verkündet:

»Es regt sich was im Odenwald
und durch die Lüfte hallt's und schallt.
Der Rodenstein zieht um«

– so in Viktor von Scheffels Rodensteinliedern. Wie es zu der Gestalt des Rodensteiners kam und warum er den älteren Schnellertsgeist ablöste – vielleicht gibt das Gedächtnismal des Junkers Hans III. von Rodenstein in der Crumbacher Pfarrkirche Antwort. Es zeigt die markante Gestalt eines Ritters, dem man wohl zutrauen kann, sein Weib – so erzählt die Sage –, das ihn von einem Fehdezug zurückhalten wollte, von sich gestoßen und so mitsamt dem Kind, das sie im Leibe trug, getötet zu haben. Bergengruen beschreibt ihn so: »hager und gedörrt, knochig das bartlose Gesicht, scharf und lauernd der Blick, vorstoßend die magere Nase, faltig und verkniffen die Lippen des zahnlos gewordenen Mundes«. – Auf dieses Bildwerk konnte man wohl alle Vorstellungen vom tapferen, kampfesmutigen, harten und streitbaren Helden übertragen. Die Inschrift auf dem Rand der Platte teilt mit: »Im Jahre 1500, am 26. April, starb in Rom der edle Junker Hans, Herr zu Rodenstein«, und beiderseits des Hauptes: »begraben auf dem Gottesacker«.

Der Gottesacker ist der Campo Santo Teutonico im Schatten der Peterskirche. Dort findet man in der von deutschen Nonnen betreuten Friedhofskirche einen Marmorgrabstein des gleichen Rodensteiners, und die lateinische Inschrift spricht von dem »edlen Hans zu Rodenstein … er starb am 22. April des Jubeljahres 1500 im Alter von 82 Jahren, 3 Monaten, 16 Tagen«. Dieser Junker Hans, der in Crumbach wie in Rom sein Bild hinterlassen hat, könnte jener Rodensteiner sein, den die Sage meint. Er wurde 1418 geboren, heiratete im Alter von 53 Jahren ein 14 Jahre altes Edelfräulein, ritt im Heiligen Jahr 1500 als für damalige Zeiten uralter Mann nach Rom, um dort den vollkommenen Ablaß zu erlangen. Er war Krieger gewesen, hatte Fehden ausgetragen und an Belagerungen teilgenommen, war vielleicht auch ein Raubritter gewesen, war wohl ein von seinem Gewissen Geplagter, der in der ewigen Stadt die Erlösung suchte.

Im wohlerhaltenen Ortskern von Fränkisch-Crumbach steht noch das schöne Ensemble von Pfarrkirche, Herrenhaus und Kellerbau. Hier war der Mittelpunkt der »freien Herrschaft Crumbach«, die nicht wie üblich ein Lehen, sondern ein »Allod« war, persönlicher Besitz der Crumbacher und nach ihnen der Rodensteiner. Der letzte des Geschlechtes starb 1671. Im Chor der Crumbacher Kirche, den Meister Hans aus der namhaften Baumeister- und Bildhauerfamilie Eseler 1485 erbaute, stehen die Grabdenkmäler der Rodensteiner.

Die Herrschaft der Crumbach-Rodensteiner griff weit hinein ins Gersprenztal und hinauf zur Neunkircher Höhe. Mittelpunkt war wohl ursprünglich Reichelsheim, das heute weit ausgeuferte Städtchen mit der Burg Reichenberg hoch über den Häusern und der Wehrkirche mitten im Ort. Um 1200 wurde es von den Herren von Erbach erobert. Aber auch durch Verkäufe verloren die Rodensteiner Teile ihres ursprünglichen Besitzes, vorwiegend an die Grafen von Katzenelnbogen. So gingen auch ihre Güter in Neunkirchen an die Elnbogen über.

Neunkirchen ist das höchste Dorf des hessischen Odenwaldes am nördlichen Hang der Neunkircher Höhe. Seine Kirche diente den Dörfern ringsum als Pfarrkirche, und sie ist architektonisches Wahrzeichen einer Landschaft, die heute Sommerfrische ist, aber einst ein armes Land war: dünne Bodenkrume über dem Granituntergrund, scharfe Winde, viel Regen, große Kälte, Einsamkeit. Um 1800 verbargen sich in solch abgelegenen Landschaften die Räuberbanden des Odenwaldes nach ihren Raubzügen, und aus ihnen stammten die Menschen, die vor Hunger und Armut und Abhängigkeit nach Amerika flohen.

Der Rodensteiner Besitz wurde nach dem Ende des Geschlechtes aufgelöst, ging 1692 teilweise und 1802 ganz an die Freiherren von Gemmingen-Hornberg über. Vier Jahre später wurde auch diese Herrschaft »mediatisiert«, mittelbar gemacht, und dem Großherzogtum Hessen-Darmstadt eingegliedert. Aber die Gemmingen blieben Eigentümer ihrer Ländereien, auch der Burgruine Rodenstein, und das einstige Her renhaus in Crumbach ist heute ihr Rentamt.

Crumbach hat in den letzten Jahren neue Bedeutung gewonnen als Sitz des Instituts für spekulative Heimatgeschichte und durch den Odenwälder Shanty-Chor, die sich beide dem Mythos um den Abenteurer Schann Scheid widmen, der sein Floß auf die Weschnitz setzte, um rheinabwärts das Weltmeer zu erreichen, der bereits 1850 dreimal die Welt umsegelte und 24 Inseln als erster Weißer und 800 als erster Odenwälder betrat, der 12 »davor und danach« unbekannte Fischarten entdeckte und die Herrlichkeiten des Odenwaldes noch im finstersten Afrika verkündete. So ist der reiche Sagen- und Anekdotenschatz des Odenwaldes in unserer Zeit um eine prächtige Schelmengeschichte vermehrt worden.

Crumbach liegt am Rande des Gersprenztales. Das Flüßchen hat seinen Namen von den Kelten bekommen, die auch der Weschnitz den Namen gaben. Flußabwärts liegt nahe der Gersprenz der Ort Brensbach, dessen Kirche als die schönste Dorfkirche des Odenwaldes gerühmt wird. Es ist ein kleiner, stilistisch geschlossener Bau der späten Gotik, 1527 vollendet, als gerade die Reformation in der Grafschaft Erbach eingeführt war. Brensbach benachbart ist das Dorf Wersau. Über den Häusern liegt am steilen Hang eine Kirchenburg: eine Mauer umschließt den Kirchhof und die Kirche, deren Turm 1628 einstürzte und bald darauf als massiver Tortum im Zuge der Mauer wiederaufgebaut wurde. Hierhin konnten sich die Bauern retten, wenn Banden die Dörfer verheerten, die Höfe plünderten.

In unsicheren Zeiten war auch das unweit gelegene Schloß Lichtenberg eine Zuflucht für die Landleute der Umgebung wie auch für den Darmstädter Hof, wenn die Pest in der Hauptstadt wütete. Daher der Name »Pestschloß« für den stolzen Dreiflügelbau hoch über der breiten Talebene des Fischbachs. Lichtenberg war ehemals Burg der Grafen von Katzenelnbogen und wurde im späten 16. Jahrhundert als Schloß für die Landgrafen von Hessen-Darmstadt neu errichtet, ein Renaissancebau mit Giebelzierrat und einem eleganten Treppenturm im Hof. Es enthält heute ein Museum mit reicher Zinnfigurensammlung und ist Stätte von Kunstseminaren und Konzerten.

Otzberg, Kupferstich
Aus: Albert Ludwig Grimm, Vorzeit und Gegenwart 1822

Der nördlichste Vorposten des Odenwaldes und ein südlicher Grenzpfeiler des alten königlichen Bannforstes Dreieich ist der Otzberg, ein Basaltkegel mit einer Burg, die schon im 8. Jahrhundert als Wallburg bestand und vom Frankenkönig zusammen mit Groß-Umstadt dem Kloster Fulda geschenkt wurde. Wie Lorsch von Westen her in den Odenwald hineinwirkte, so die andere Klostermacht Fulda von Norden. Die Feste wird 1390 mitsamt dem Burgdorf, dem späteren Städtchen Hering, an die Kurpfalz verkauft. Im frühen 16. Jahrhundert läßt Kurfürst Ludwig V. neue Fortifikationen bauen. Eine mächtige, zwölf Meter hohe Außenmauer entstand, und dahinter wurde ein Zwinger planiert. Den Burghof umgeben Wohn- und Wirtschaftsgebäude. Im Palas ist heute ein Museum eingerichtet, das Schätze der Volkskunde modern und anschaulich präsentiert. Es ist aus der privaten Sammlung der beiden Museumsleiter entstanden. Neben der ständigen Ausstellung werden das ganze Jahr über Sonderschauen veranstaltet, die viele Besucher anziehen. Mitten im Hof steht die »Weiße Rübe«, der mächtige Bergfried, der wohl im 14. Jahrhundert auf älterem Fundament entstand.

Von seiner Plattform blickt man über die Dörfer des »Amtes Otzberg«, zu dem auch Schloß Nauses gehört, »Frau-Nauses« genannt, weil es zeitweilig den Frauen des Nonnenklosters Höchst gehörte. Die heutigen Bauten, Torturm und Herrenhaus inmitten eines Gutshofes, sind Reste einer pfalzgräflichen Wasserburg. Sie zeugen noch von der kurpfälzischen Epoche dieses Landes um den Otzberg, zu dem auch Groß-Umstadt gehört.

Die Pfalzgrafen hatten Umstadt vom Kloster Fulda erworben, teilten sich aber den Besitz mit anderen Herren, auch mit Hessen-Darmstadt, dem der Ort 1803 endgültig zufiel. Die verwickelten Herrschaftsverhältnisse spiegeln sich in den Bauten. Es gibt ein Pfälzer Schloß, ein Darmstädter Schloß und zahlreiche Adelssitze, herausragend das Renaissanceschloß der Wambolt, die auch an der Bergstraße Adelshöfe unterhielten. Aber auch die Bürger melden sich zu Wort: Sie errichten zu Beginn des 17. Jahrhunderts gegenüber der

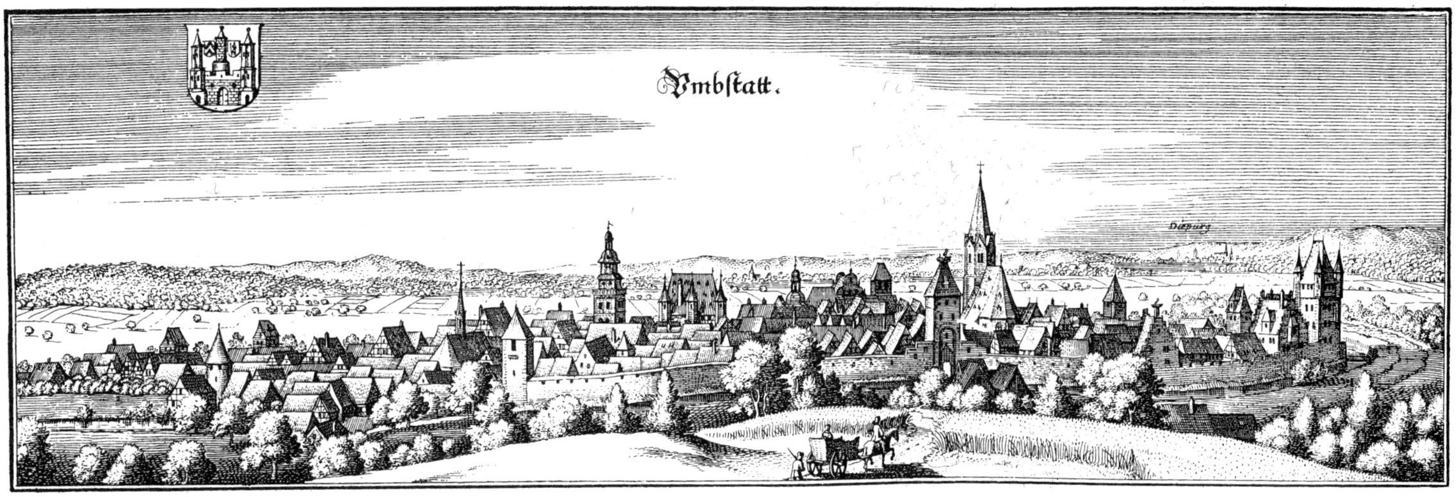

Matthäus Merian, Groß-Umstadt. Aus: Topographia Hassiae 1646

Kirche ein neues Rathaus mit reichem Schmuckwerk als städtisches Repräsentationsgebäude. Es bildet mit dem Alten Schloß und dem Rathaus zu Darmstadt, mit Schloß Lichtenberg eine Gruppe bedeutender Bauwerke im Stil einer hessischen Renaissance.

Ein anderer Zugang ins Innere des Odenwaldes ist das Tal der Weschnitz, das vom Kloster Lorsch aus schon früh erschlossen wurde. Weinheim liegt am Ausgang des Tales in die Ebene. Dann fährt man an der Weschnitz entlang und an der Hildebrandschen Mühle vorbei. Sie war in ihren guten Tagen um die Jahrhundertwende eine der größten Mühlen Europas, vom Fluß und von einer Dampfmaschine angetrieben. Sie steht auf uraltem Mühlengrund. Seit langem ist sie stillgelegt – ein zerfallendes Überbleibsel des einstigen Mühlenwesens an der Weschnitz. Hier wie an allen Bächen und Flüssen des Odenwaldes klapperten die Mühlräder. Sie trieben Getreidemühlen und Ölmühlen, Walk- und Lohmühlen, Hammer- und Sägemühlen, Papiermühlen und Pulvermühlen. Hinter der Hildebrandschen Mühle klafft der riesige Prophyrsteinbruch des Wachenberges. Durch das enge und früher einmal seiner malerischen Reize wegen gerühmte Birkenauer Tal gelangt man über die Landesgrenze ins hessische Birkenau, das »Birkenowa« von 795 im Lorscher Codex. Mit dem Niedergang des Klosters kam Birkenau an die Pfalzgrafen und an Kurmainz. 1721 empfingen die Wambolt von Umstadt das Dorf als Mainzer Lehen. Sie erbauten 1771 ein repräsentatives Schloß, und daneben entstand 1817/19 die katholische Kirche im klassizistischen Stil des Hofbaumeisters Moller in Darmstadt nach den Plänen eines seiner Schüler. Das »Dorf der Sonnenuhren« hat sein Fachwerkrathaus aus dem 16. Jahrhundert liebevoll restauriert. Es ist ein Beispiel für die vielfältige Nutzung solcher kleiner Dorfrathäuser. Es war Sitz des Schultheißen und des Ortsgerichts. Das Untergeschoß diente als Markthalle und im 19. Jahrhundert als Remise der Feuerspritze. Unter einer heute verschwundenen Außentreppe versteckte sich das »Ploch«, das Dorfgefängnis, und das Dachgeschoß wurde als Zentspeicher genutzt.

Im nächsten Ort des Weschnitztales, in Mörlenbach, steht noch unverändert einer der schönen Bahnhöfe des Odenwaldes. Der Bahnbau in der zweiten Hälfte des 19. Jahrhunderts war eine Pioniertat, wichtig für die

Lieferung von Steinkohle aus dem Ruhrgebiet zu den Hüttenwerken im Odenwald, für den Transport von Stamm- und Schnittholz, für die Steinbrüche, für die kleinen Manufakturen, für die Pendler von den Dörfern und Weilern zu den Fabriken am Gebirgsrand, wichtig auch für den beginnenden Fremdenverkehr: Der Odenwald wurde als Sommerfrische entdeckt.

Die erste Eisenbahnlinie war die Main-Neckar-Bahn von Frankfurt nach Heidelberg. Sie erschloß seit 1846 die Bergstraße. Eine zweite große Linie, die Main-Rhein-Bahn, führte im Norden am Odenwald entlang von Aschaffenburg nach Darmstadt. Sie wurde 1858 eröffnet. Eine dritte Strecke – die technisch anspruchvollste – war die Odenwaldbahn von Darmstadt über Reinheim, das Mümlingtal hinauf, das Ittertal hinab nach Eberbach am Neckar, 1871 eröffnet. Für sie wurde der über drei Kilometer lange Krähbergtunnel gebaut und die gewaltige Brücke über das Himbächel. Diesen Hauptstrecken schlossen sich Nebenbahnen an wie die 1895 eröffnete Weschnitztalbahn von Weinheim über Mörlenbach und Rimbach nach Fürth. Sie muß das enge Birkenauer Tal über Brücken und durch Tunnel bewältigen und erreicht dann die breite Talaue der Weschnitz. 1901 wurde von Mörlenbach eine Abzweigung bis Waldmichelbach gebaut. Sie hatte große Bedeutung für das Bergbaugebiet um Waldmichelbach, wo Eisenerz und seit 1899 auch Manganerz abgebaut wurden. In Aschbach arbeitete noch bis 1947 eines der Hammerwerke, und in Unter-Waldmichelbach überdauerte das Hammerschlößchen, das auch kunstgeschichtlich von Bedeutung ist durch einen Treppenturm aus der Zeit um 1600 mit einem Renaissanceportal. Die viele Zentner schweren Hämmer wurden über Mühlräder durch das Wasser des Ulfenbachs angetrieben. Man plant, die Relikte des einstigen Bergbaues und auch die Reste der Gruben – der Ludwigsstollen wurde kürzlich von Bergwerksfreunden freigelegt – einer Museumsstraße des Odenwaldes anzugliedern.

Die Nebenstrecke nach Waldmichelbach wurde schon seit Jahren nur noch von Güterzügen befahren. Kürzlich ist sie ganz stillgelegt worden. Man erwägt die Einrichtung einer Museumsbahn. So könnte die landschaftlich reizvolle und technisch interessante Linie erhalten werden. Auf der Weschnitztalbahn aber verkehren noch immer die Triebwagen nach Rimbach und Fürth, zwei alte Orte, die beide zur Mark Heppenheim und also zum Kloster Lorsch gehörten. In Rimbach leuchtet hell hinter Bäumen die Pfarrkirche, ein Bau des 18. Jahrhunderts, der gotische Teile einbezieht. Die Zwiebelhaube des Turmes läßt an oberbayrische Dorfkirchen denken. Das Innere folgt dem im evangelischen Teil des Odenwaldes verbreiteten Typus der Predigtkirche mit den Emporen um die Dreiheit von Altar, Kanzel und Orgel, die im Blickpunkt der Gemeinde übereinander angeordnet sind.

Hinter Rimbach treffen wir auf die Siegfriedstraße, die von Heppenheim heraufkommt. Ihr folgen wir über Fürth, Marktflecken seit 1356 und heute Einkaufszentrum, in die Berge hinein. Noch begleitet uns die Weschnitz, die sich hier einen engen Durchbruch geschaffen hat. Dann steigt die Straße zur Wegscheide hinauf. Zur Rechten, am Hang des Kahlberges, steht die Walpurgiskapelle, die aus dem 14. Jahrhundert stammt, aber immer wieder erneuert wurde, Ziel von Wallfahrten, verbunden mit Wunderheilungen von Lahmen und Blinden. Vom Vorplatz aus schauen wir zurück auf die Kuppeln des Granitodenwaldes, und hinter uns beginnt der Sandsteinodenwald. Der Kahlberg ist »Wegscheide«, geologische Scheide, Wasserscheide und Landscheide, Grenze – hier fand 795 eine Versammlung karolingischer Würdenträger statt, um im Auftrag Karls des Großen die Grenzen der Mark Heppenheim endgültig festzulegen.

Auch hier oben, und bis nach Bockenrod im Norden und hinunter ins Marbachtal, wurde einst Bergbau betrieben. 773 und 795 nennt der Lorscher Codex in den

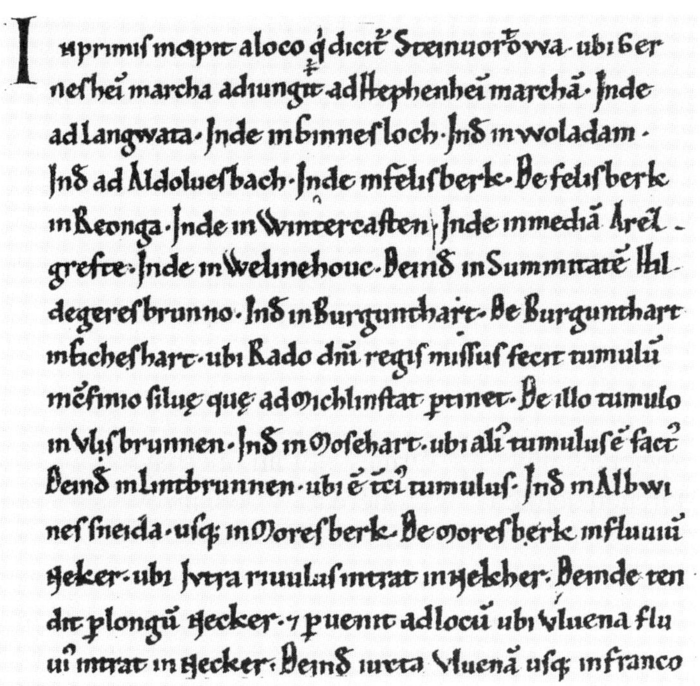

Grenzbeschreibung der Heppenheimer Mark 773, Nennung der Arezgrefte, Erzgruben, und des Welinehouc, Kahlbergs. Aus: Lorscher Codex, München, Hauptstaatsarchiv.

Grenzbeschreibungen der Heppenheimer Mark die »Arezgrefte«, die Erzgruben. Auch heutige Namen sprechen noch von dieser Vergangenheit: Erzbach und Hüttenthal, das Gasthaus »Zur Schmelz« und Flurnamen wie »Grubenwiese«, »Erzfeld«, »Seufzen«, »Schmelzwiese«. Und in den Wäldern liegen noch die Schachthalden. Eine neue Blüte erlebte der Bergbau seit der Mitte des 19. Jahrhunderts, als nicht nur Eisen abgebaut wurde, sondern auch Mangan für die Stahlerzeugung. Der Marbach, dem die Straße von der Wegscheide ins Mümlingtal folgt, der einst Hammerwerke und Mühlen trieb, ist heute zu einem See gestaut.

Die Mümling kommt von Beerfelden her, entspringt im Zwölf-Röhren-Brunnen mit seinen sieben urnenverzierten Säulen über Sandsteintrögen – architektonischer Lobpreis des Wassers. Beerfelden liegt auf der Wasserscheide zwischen Main und Neckar: die Mümling fließt nach Norden dem Main zu, der Gammelsbach nach Süden dem Neckar. Den beiden Flußtälern folgt eine bis in die Vorzeit zurückreichende Straßenverbindung. Südlich der Wasserscheide wurde diese Straße seit dem 13. Jahrhundert von der Burg Freienstein überwacht, eine mächtige Anlage der Schenken von Erbach über dem Gammelsbachtal. Beerfelden ist, an dieser alten Straße, denn auch eine der ältesten Siedlungen des Odenwaldes, Mittelpunkt des südöstlichen Teiles der Mark Heppenheim. Es kam dann als pfälzisches Lehen an die Schenken von Erbach und erhielt 1328 durch den König die Stadtrechte, die indessen nie wahrgenommen werden konnten: eine Stadtmauer wurde nicht gebaut. Beerfelden war Gerichtsort einer erbachschen Oberzent. Daran erinnert der dreisäulige Galgen an der Straße nach Airlenbach. 1804 fand hier die letzte Hinrichtung statt: Eine Zigeunerin war wegen Diebstahls eines Huhnes und zweier Laib Brot zum Tode verurteilt worden.

1810 vernichtete ein Großfeuer fast den ganzen Ort. Beim Wiederaufbau wurde der Zwölf-Röhren-Brunnen geschaffen, die Häuser entstanden neu mit schlichten geschindelten Fassaden, die evangelische Pfarrkirche wurde durch einen großen Neubau ersetzt – aber ein Glasgemälde der Vorgängerkirche war der Vernichtung entgangen. Denn 1806 hatte es Graf Franz von Erbach ausbauen lassen, um es seinen Kunstsammlungen im Erbacher Schloß einzuverleiben. Erst die Revolution von 1848 beendete die bis dahin erfolglosen Prozesse der Beerfeldener auf Herausgabe – das Fenster wurde im Triumph zurückgeholt und in den Kirchenneubau eingesetzt. Es zeigt Christus am Kreuz über Maria und Johannes und ist ein hervorragendes Werk eines Meisters vom Oberrhein.

Die Mümling fließt nordwärts am Himbächel-Viadukt und an der Einmündung des Marbachs vorbei ins Herz des Erbacher Landes. Die Herren von Erbach waren Vögte des Klosters Lorsch gewesen, hatten dessen Interessen in der Mark Michelstadt vertreten. Seit etwa 1225 standen sie mit dem Titel »Schenken von Erbach« im Dienste der Pfalzgrafen, stiegen aber in ständigen Auseinandersetzungen mit ihren Lehnsherren zu immer stärkerer Selbständigkeit auf und erwarben 1532 den Grafentitel. Ihr Wappen mit den drei Sternen beherrschte den inneren Odenwald und drang nach Westen bis an die Bergstraße vor.

Hauptstadt und Residenz der Grafen war das Städtchen Erbach. Dort stand ihre Wasserburg, von welcher der Bergfried erhalten blieb. Aus der Burg wurde im 18. und 19. Jahrhundert das heutige Schloß. Neben der Wasserburg hatten die Burgmannen in den Gassen des »Städtel« ihre Adelshöfe erbaut, die von einer Mauer geschützt wurden. Die Schenken von Erbach stifteten am Rande des Städtels eine Kapelle. Sie wurde im 18. Jahrhundert durch die große Stadtkirche ersetzt. Mit dem Rathaus des 16. Jahrhunderts und dem Torbau als Eingang zum Städtel bildet sie eine malerische Baugruppe an der Mümlingbrücke. Außer dem Schloß und den Verwaltungs- und Wirtschaftsbauten im Schloßhof, dem Marstall und dem Städtel gehörten der Lustgarten und die Orangerie zum historischen Bild der liebenswerten Duodezresidenz. Daß beide erhalten blieben, ist den engagierten Bürgern unserer Tage zu verdanken, welche die Bebauung des Areals mit einem Wohn- und Geschäftshaus verhinderten. Der Lustgarten wurde nach alten Plänen rekonstruiert, die Orangerie restauriert.

Die interessanteste Gestalt des Erbacher Grafengeschlechts war Graf Franz I., der von 1754 bis 1823 lebte. Zum 100. Geburtstag hat man ihm vor dem Schloß ein Denkmal gesetzt: Graf Franz in römischer Toga und mit einer Schriftrolle in der Hand – so, wie er sich selbst wohl gern gesehen hätte. Er war ein umfassend gebildeter, dabei auch praktisch begabter und toleranter Mensch, ein Freund des Altertums, besessen von einem enzyklopädischen Sammeleifer. Der Reichtum seiner Sammlungen im Schloß zu Erbach ist erstaunlich und nicht frei von manchen rührenden Zügen. Da gibt es römische Büsten und Statuen, vorgeschichtliche Funde, Hirschgeweihe, Waffen, Rüstungen, Altarbilder und Glasgemälde.

Bildnis Graf Franz I. von Erbach-Erbach (1754–1823)

Östlich von Erbach, an der Höhenstraße nach Amorbach, treffen wir abermals auf das Wirken des Grafen Franz. Hier oben, wo der Limes von Norden nach Süden über die Berge zog, stand einst neben den Resten eines römischen Kastells das Dorf Eulbach. Es ging im Dreißigjährigen Krieg unter. An seiner Stelle entstand 1770 ein kleines Jagdschloß, das Graf Franz 1802 vergrößern ließ. Gegenüber dem Schlößchen ließ er nach Plänen des großen Gartenarchitekten Ludwig von Sckell, den man von Schwetzingen und München her kennt, der auch die kleineren Anlagen in Weinheim,

Birkenau und Amorbach plante, einen Park im Stil des Englischen Gartens anlegen, mit gewundenen Wegen, einer künstlichen Burgruine, einer Eremitage an einem Teich, und stattete ihn mit den Relikten römischer Vergangenheit aus, die er auf den Geländen des Kastells Eulbach und des südlich benachbarten Kastells Würzberg ausgraben ließ. So steht auf einem Wegkreuz ein Obelisk, der aus römischen Quadersteinen zusammengesetzt ist, und die Tore beider Kastelle wurden nach den Vorstellungen des Grafen mit originalem Material

Bei Würzberg: Numeruskastell und Badegebäude. Aus: Die Römer in Hessen, Konrad Theiss Verlag Stuttgart 1982

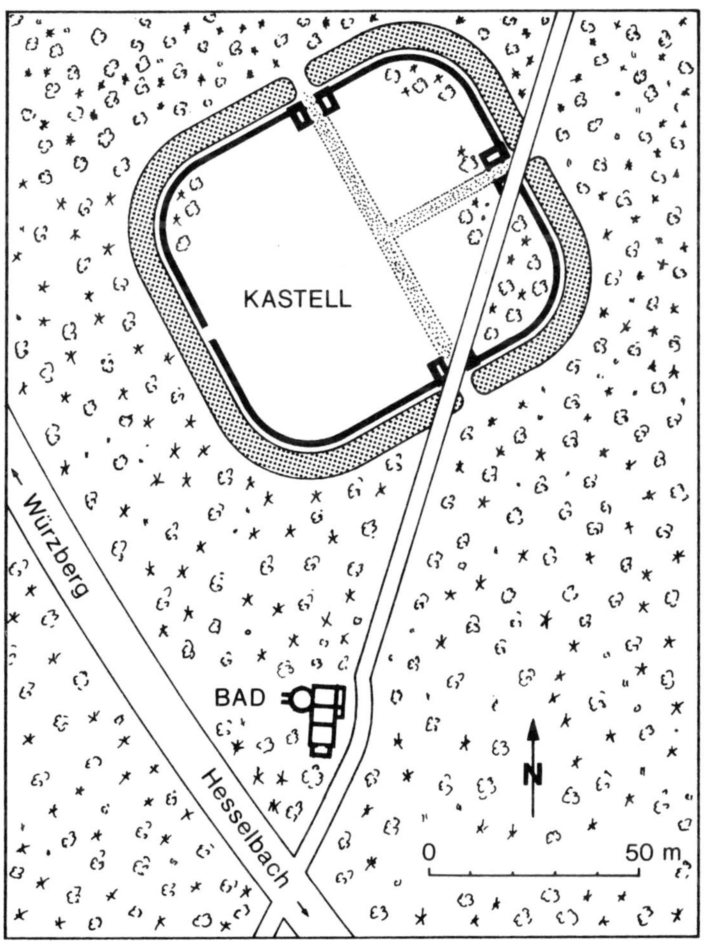

rekonstruiert. Sind damals auch die Überreste der Kastelle geplündert worden – wenigstens das Würzberger Kastellbad blieb in seinen Grundmauern erhalten. Hier fanden die Soldaten auf den unwirtlichen Höhen des Odenwaldes alle Einrichtungen, die sie für ihren Badeluxus verlangen konnten: Frigidarium, Tepidarium, Caldarium und ein Schwitzbad. Die Mauern des Gebäudes waren verputzt und bemalt, die Fensteröffnungen verglast, eine Fußbodenheizung sorgte für gleichmäßige Wärme, aus Wasserhähnen floß warmes und kaltes Wasser.

Graf Franz war aber nicht nur ein fanatischer Sammler und Altertumsenthusiast, sondern auch ein um das Gemeinwohl besorgter Förderer seines kleinen Landes. Die Grafschaft Erbach war 1717 von drei Brüdern geteilt worden. Das war aber nur eine Nutzteilung. Der Grundbesitz wurde erst 1747 geteilt. Im Jahre 1806, als alle Standesherren ihre immediate, ihre reichsunmittelbare Stellung verloren, wurden alle drei Landesteile – Erbach-Erbach, Erbach-Fürstenau, Erbach-Schönberg – dem Großherzogtum Hessen-Darmstadt unterstellt.

Die Grafschaft Erbach-Erbach, die Graf Franz einundzwanzigjährig 1775 übernommen hatte, war ein armes Land. Der Graf versuchte ihm aufzuhelfen, förderte Land- und Forstwirtschaft, ließ unentgeltlich Kleesamen und Düngemittel an die Bauern verteilen, stiftete 1802 neben seinem Jagdschloß den alljährlichen Eulbacher Markt, der später nach Erbach verlegt wurde und heute ein Volksfest ist. Er führte 1783 in seiner kleinen Grafschaft die Elfenbeinschnitzerei ein, um den heimischen Handwerkern eine neue Verdienstmöglichkeit zu schaffen. Er hatte wie viele junge Adlige seiner Zeit auf seiner »Grand Tour« durch Europa selbst gelernt, zu zeichnen und Elfenbein zu drechseln und zu schnitzen. Und so stehen denn am Anfang des Rundganges durch das Deutsche Elfenbeinmuseum in Erbach die Ziergefäße, die Graf Franz selbst gefertigt hat. Mit ihnen beginnt eine neue Handwerkskunst im Odenwald. Der Graf erließ eine Zunftordnung für das Gewerbe der Elfenbeinschnitzer, stiftete Zunftlade und Siegel, und er selbst wurde nach Vorlage von zwölf selbstgefertigten Schnupftabaksdosen von den Zunftmitgliedern zum Obermeister erklärt. So begann die Elfenbeinkunst in Erbach, Erlenbach und Michelstadt, die heute noch lebendig ist.

Die kurze Fahrt von Erbach nach Michelstadt ist durchaus unerfreulich. Zwar gab es im Talgrund schon im Mittelalter Eisenindustrie, Holzwirtschaft und Tuchfabrikation. Aber heute ist die ganze Aue aufs Häßlichste zugebaut. Im Zentrum von Michelstadt kann man aufatmen, eintauchen in eine unzerstörte alte Stadt. Man steht auf dem Marktplatz: Rathaus, Pfarrkirche, das barocke Gasthaus zum Löwen, und rechtsab liegt die einstige Burg. Dies war der Mittelpunkt der karolingischen Mark Michelstadt an der Kreuzung zweier wichtiger Straßen von Worms nach Würzburg und von Fulda nach Eberbach. 815 schenkte Kaiser Ludwig der Fromme Ort und Mark Michelstadt an Einhard, den Berater, Vertrauten, Geschichtsschreiber seines Vaters, Kaiser Karls. 819 gab Einhard den Besitz weiter an das Kloster Lorsch, das so seinen Machtbereich über die Mark Heppenheim hinaus weit nach Osten ausbauen konnte. Vögte des Klosters waren die Herren von Erbach, die sich allmählich des Besitzes bemächtigten. Sie werden Stadtherren, wenn auch als Lehensleute der Pfalzgrafen, und umgeben den Ort mit einer starken Befestigung, die heute weithin noch erhalten ist. Michelstadt wurde Handels- und Handwerkszentrum, und sein Rathaus von 1484 stand im Mittelpunkt städtischen Lebens. Das offene Erdgeschoß war Markthalle und Sitz des Centgerichts, und im Obergeschoß tagte der Rat der Stadt. Auf dem hohen Speicher lagerten die Abgaben der Bürger an Roggen, Hafer, Gerste. Die Pfarrkirche hinter dem Rathaus stammt aus dem späten 15. Jahrhundert und ist wie die Kirche von Fränkisch-Crumbach ein Werk des Hans Eseler, und sie ist ebenfalls Grablege der Ortsherren mit bedeutenden Grabmälern der Schenken und Grafen von Erbach, darunter Werke des fränkischen Bildhauers Michael Kern.

Rathaus Michelstadt, Briefmarke 1984

Vom Marktplatz führt eine kurze Gasse in den Hof der gräflichen Kellerei. Hier hatte der fränkische Königshof gestanden, der dann Lorscher Hof wurde und schließlich Kellerei der Erbacher. Heute ist im hinteren Bau, der einstigen Zehntscheuer, das Odenwald-Museum untergebracht. Der Hof ist wie die Gassen des Städtchens gründlich, vielleicht allzu beflissen restauriert worden. Erfreulich, daß dabei die Synagoge gerettet wurde, die der großen jüdischen Gemeinde als Bethaus diente. Ihr berühmter Rabbi Seckel Löb Wormser ist auf dem jüdischen Friedhof begraben, der nördlich der Stadt im Walde liegt.

Im Tal der Mümling, Michelstadt gegenüber, umgeben von den Bäumen eines Parkes, aber bedrängt von benachbarten Konsum- und Gewerbebauten, liegt Schloß Fürstenau. Eine Wasserburg entstand im Zuge der Machtkämpfe zwischen Mainz und Pfalz: Um 1300 erbaute der Erzbischof am alten Flußübergang die strategisch wichtige Festung. Wenig später aber erwarben die Erbacher die Burg. Der heutige Dreiflügelbau mit vier Ecktürmen erinnert noch an die alte Burg. Aber reizvolle Zutaten wie der Aufbau des südöstlichen Eckturms und der Treppenturm im Hof, vor allem aber die malerische Überbrückung der offenen Hofseite durch eine Bogengalerie verwandelten den Festungsbau in ein Renaissanceschloß.

Nahebei, am Rande des Dorfes Steinbach, liegt die Einhardsbasilika, eine der ältesten erhaltenen Kirchen Deutschlands. Einhard, der gelehrte Freund Karls des Großen, ließ sie als Eigenkirche erbauen, richtete hier auch seinen Ruhesitz ein und wollte mit seiner Gemahlin in der kreuzförmigen Gangkrypta neben den Gebeinen zweier römischer Märtyrer begraben sein. Die Kirche ist eine dreischiffige Pfeilerbasilika. Der Hauptchor schließt mit einer mächtigen Apsis. Zu beiden Seiten des Chores lagen kleine Nebenchöre mit Apsiden. Die Arkaden, die einst die drei Schiffe trennten, wurden schon im 14. Jahrhundert zugemauert, so daß ein Saal entstand, breit gelagert, von majestätischen Proportionen. Der großartige, bei beschränkten Ausmaßen monumentale Kirchenbau verlor schon bald die ihm zugedachte Funktion: Einhard ließ die Märtyrerreliquien nach Seligenstadt am Main überführen, gründete dort ein Kloster mit einer ähnlichen Basilika, starb dort und wurde in der eben fertiggestellten Kirche neben seiner Gemahlin beigesetzt. Die Mark Michelstadt hatte er schon 819 dem Kloster Lorsch vererbt. In die Steinbacher Bauten ziehen viel später erst Mönche aus Lorsch ein, die 1232 mit dem Übergang des Klosters an Mainz durch Nonnen abgelöst werden. 1535 wird das Nonnenkloster aufgelöst. Die Kirche wird Spital und schließlich Scheune und erst in unserer Zeit gerettet.

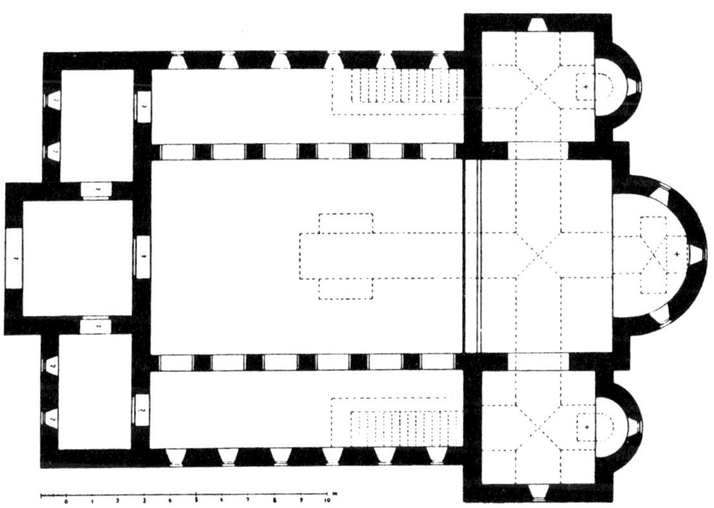

Steinbach, Einhards-Basilika, Grundriß

Nördlich von Michelstadt liegt im Tal der Mümling der heutige Kurort König, »Bad König« wegen seiner Stahlquellen. Es ist eine sehr alte Siedlung, gehörte dem Kloster Fulda, dann dem Kloster Lorsch und ging mit dem Kloster 1232 an den Erzbischof von Mainz über. Seit dem 15. Jahrhundert waren die Grafen von Erbach Alleinbesitzer. Sie erbauten anstelle einer mittelalterlichen Festung ein Schloß. Es wird vom wehrhaften Turm der Pfarrkirche überragt.

Es lohnt sich, von Bad König aus nach Westen auf die Höhen zu fahren oder besser: zu wandern, nach Kirchbrombach. Die 1467 erbaute Pfarrkirche inmitten eines alten Burgareals war Mittelpunkt eines ausgedehnten Kirchspiels. Das Langhaus wurde im 18. Jahrhundert nach einem Brand umgestaltet, aber im gotischen Chor steht noch der Flügelaltar aus dem frühen 16. Jahrhundert, ein Meisterwerk von unbekannter Hand mit Vollfiguren im Schrein und gemalten Flügeln. Einer der drei Heiligen im Schrein ist St. Alban. Seine Legende wird auf den Flügeln erzählt, und ihm ist auch die Kirche geweiht. Er war Bischof von Mainz. Kirchbrombach gehörte zum Mainzer Odenwald-Territorium, und Chorherren des St.-Alban-Stiftes in Mainz besetzten bis zur Reformation die Pfarrerstelle im Dorf.

Einige Kilometer nördlich von Kirchbrombach, nahe der West-Ost-Straße von Brensbach nach Höchst, vom Gersprenz- ins Mümlingtal, liegt auf einer Hochfläche unweit des Dorfes Hummetroth die »Haselburg«. Das waren Mauerreste, die von Haselsträuchern umwachsen waren. Graf Franz von Erbach, der Amateur-Archäologe, ließ sie ausgraben. Er hielt sie für Reste eines römischen Kastells. Sie wurden dann wieder vergessen. Die Bauern brachen die Mauern als Baumaterial ab und nutzten das Gelände als Ackerland. Abermalige Ausgrabungen 1882 und 1886 führten zu der Vermutung eines römischen Gewerbebetriebes. 1979 begann man anläßlich des Baues einer Erdgasleitung erneut zu graben und legte eine weitläufige Villa rustica frei, die sich auf einem Gelände von dreieinhalb Hektar Fläche ausdehnte. Das Hauptgebäude lag an einem von Säulengängen umgebenen Gartenhof, einem Peristyl. Seitlich schlossen sich ein Badegebäude und ein Wirtschaftstrakt an. Man fand Fußbodenheizungen, Estrichböden, Reste der Fensterverglasung, verzierte Deckenplatten, Stücke von weiß und rot bemaltem Verputz. Tongefäße, Münzen und Werkzeuge kamen zutage. In der Nähe des Hauptgebäudes wurde eine der Säulentrommeln einer Jupitergigantensäule entdeckt, die mit über zehn Metern Höhe ungewöhnlich groß war und einst weithin sichtbar gewesen sein muß. Nur ein Teil der gewaltigen Anlage konnte bisher von den Fachleuten und den ehrenamtlichen Helfern aufgedeckt werden. Die ungewöhnlich große und prächtige Villa war der Landsitz eines reichen Mannes. Er mag Ratsherr im römischen Dieburg gewesen sein, dem Hauptort der Civitas Auderiensium, die weit in den nördlichen Odenwald hineinreichte. Aus der Villa rustica von Hummetroth stammt vielleicht auch ein Sandsteinrelief mit den drei Muttergottheiten, der Matronenstein. Er ist in der Friedhofskapelle von Mümling-Grumbach eingemauert, an der man – wieder im Mümlingtal – auf der Straße von Bad König nach Höchst vorbeifährt.

Höchst war Straßenkreuzung und Verwaltungszentrum im Gebiet des Klosters Fulda und Sitz einer Propstei, die von den benachbarten Herren von Breuberg gestiftet worden war. Deren gewaltige Burg erhebt sich oberhalb der einstigen Burgsiedlung Neustadt und in Sichtweite weitläufiger Fabrikhallen, die den ganzen Talgrund einnehmen. Breuberg ist eine der stärksten und schönsten Burgen Deutschlands. Überwältigend schon der Empfang: Grandiose Sandstein-Mauermassen über dem Burggraben. Der Kern der Anlage reicht bis ins 12. Jahrhundert zurück, war damals zusammen mit der Burg Otzberg Grenzpfeiler der Abteil Fulda gegen Süden. Im 13. Jahrhundert saßen hier die Herren von Breuberg als Vögte des Fuldaer Besitzes. Sie starben 1323 aus. Dann kämpften viele Herren um ihre Rechte, bis die Burg 1497 den Grafen von Wertheim gehörte. Mit dem Erlöschen ihres Geschlechtes 1556 kommt die Festung als Condominium, als Ganerbenburg, an die Grafen von Erbach und an die Grafen von Löwenstein. Die beiden Parteien brauchen Platz, und so wird Breuberg eine der größten Burgen, stark befestigt mit Böschungsmauern, Gräben, Zwingern, mit vier Geschütztürmen und einem Vorwerk.

Matthäus Merian, Breuberg, Kupferstich
Aus: Topographia Hassiae 1646

Im ersten äußeren Burghof schießt aus einem Fenster des Zeughauses ein steinerner Armbrustschütze auf den Eintretenden. Einige der Gebäude ringsum sind Ruinen, aber unzerstört steht noch der Johann-Casimir-Bau. Der Rittersaal in seinem Obergeschoß wurde um 1613 mit prachtvollen Stukkaturen dekoriert. In den Medaillons an der Decke und im Fries, erscheinen Gestalten und Szenen aus der antiken Mythologie und aus Tierfabeln. Es sind Musterbeispiele manieristischer Kunst – derbe Fleischeslust und mythologischer Tiefsinn.

Durch einen romanischen Torbogen gelangt man in die Kernburg, die jüngst restauriert wurde. Eine Jugendherberge ist hier untergekommen, und zuweilen möchte man glauben, etwas vom Geist der Jugendbewegung, des Wandervogels, sei in den alten Mauern noch zu spüren. Der Breuberg ist auch Denkmal der Rückbesinnung auf »Heimat« geworden mit dem Breubergbund, der die Zeitschrift »Der Odenwald« und Schriften zur Heimatforschung herausgibt.

In einem weiten Bogen nach Osten, über die bayrische Grenze hinweg, erreicht die Mümling den Main. Er empfängt uns bei Obernburg mit gewaltigen Industrieanlagen. Dahinter steigen die Berge des Spessart auf. Der Main auf unserer Fahrstrecke war Grenzfluß des römischen Reiches. In Obernburg hat man unter dem heutigen Ortskern ein Kohortenkastell festgestellt. Bei Wörth lag ein kleines, ein Numeruskastell. In seiner Nähe bog der Limes vom Mainufer südwärts in den Odenwald hinein, führte über Eulbach, Würzberg, Schlossau, Neckarburken bis hinunter nach Wimpfen. Dieser Abschnitt ist historisch interessant durch die gut erhaltenen Reste von Kastellen und Wachttürmen und ist landschaftlich reizvoll inmitten einsamer Wälder. Der »Odenwaldlimes« wurde zwischen 158 und 161 n. Chr. aufgegeben, eine neue Grenze dreißig Kilometer weiter ostwärts gezogen. Sie lief von Miltenberg über Walldürn und Osterburken bis hinunter zum schwäbischen Lorch. Dabei wurde auch ein weiteres Stück Mainufer, die »Jüngere Mainlinie«, zur Grenze. Auf dieser kurzen Strecke lag ein Numeruskastell nördlich des heutigen Trennfurt. Im Eingang der Trennfurter Kirche ist ein römischer Weihestein eingemauert mit einer Inschrift für Jupiter, Silvanus und Diana, gestiftet von einem Holzbeschaffungskommando der 22. Legion, die in Mainz stationiert war: Römische Soldaten als Vorgänger heutiger Forstarbeiter. Silvanus, Schutzherr der Wälder, und Diana, Herrin der Tiere, Schutzgöttin der Vögel – sie wären ergrimmt, könnten sie den Zustand unserer Wälder und das Absterben unserer Tierwelt sehen: kranke Bäume allenthalben und Bäche und Tümpel, in denen kein Molch, kein Fisch mehr leben kann.

Von Trennfurt weiter mainaufwärts: Kleinheubach hat an seinem Ortsrand das einzige vollständige Barockschloß des ganzen Odenwaldes, eine imponierende Anlage, deren Park bis zum Fluß hinunterreicht. Das Schloß wurde von dem Darmstädter Baumeister Louis Remy de la Fosse 1723 entworfen und nach seinem Tod von dem in Heidelberg tätigen Johann Jakob Rischer 1732 vollendet. Bauherren waren die Fürsten Löwenstein-Wertheim, die Kleinheubach aus Erbachschem Besitz erworben hatten. Die drei Schloßflügel umstehen einen weiten Ehrenhof. Der Corps de logis beherrscht mit seinem von Kolossalpilastern gegliederten Mittelpavillon majestätisch den weitläufigen Komplex, der durch die beiden Flankengebäude des Marstalls und der Kanzlei ergänzt wird. Heute ist hier ein Bildungsinstitut der Telekom untergebracht.

Oberhalb Kleinheubachs, am Hang des Bullauer Berges, liegen im Wald mächtige Sandsteinsäulen, die »Heunesäulen«. Einst sollen es vierzehn Säulen gewesen sein, von denen vier im 17. Jahrhundert zu Mühlsteinen verarbeitet worden seien. Zwei gelangten in die Museen von München und Nürnberg. Eine steht an der Mainpromenade in Miltenberg und eine wurde 1975 in Mainz zum Jubiläum des Domes aufgestellt. Denn ein Jahrtausend zuvor hatte Erzbischof Williges den Bau eines neuen Domes begonnen, und für dieses Bauwerk, so behauptet eine kühne Hypothese, seien die Säulen gefertigt worden. Sie seien also nicht römischen, sondern mittelalterlichen Ursprungs.

Der Bullauer Berg mit seinen Heunesäulen gehört schon zu Miltenberg. Der alte Stadtkern, um den sich ein Gemenge von Wohnhäusern und Gewerbebauten angesammelt hat, liegt an einem Flußknie unterhalb des

Greinberges, der für diese Gegend die gleiche historische Bedeutung hat wie der Heiligenberg über dem Neckar. Auch hier siedelten Menschen der Bronzezeit, bauten die Kelten einen Ringwall, verehrten die Römer den Merkur. Östlich Miltenbergs traf der neue, vorgeschobene Limes auf den Main. Der strategisch wichtige Eckpunkt wurde durch ein kleines Numeruskastell gesichert, und ein größeres, ein Kohortenkastell, lag westlich der heutigen Stadt und wurde im Mittelalter für eine Siedlung genutzt. Miltenberg entstand im 13. Jahrhundert im Schutz einer Burg, die den Erzbischöfen von Mainz gehörte. Als schmale Zeile zieht sich die Stadt den Fluß entlang. Nur unterhalb der Burg konnte ein Marktplatz entstehen, das »Schnatterloch«, heute Ziel der Touristen aus aller Welt. Da staffeln sich die Fachwerkhäuser die Schräge hinauf. Zwischen ihnen führt durch einen Torbogen der Weg zur Mildenburg hinauf, der Landesfestung des Kurstaates Mainz. Im Burghof ist ein fünf Meter hoher schlanker Monolith aufgestellt, der auf dem Greinberg noch im Steinbruch liegend gefunden wurde. Er trägt eine unvollendete Inschrift »Inter Toutones«, die Anlaß zu vielen Spekulationen gab. War der»Toutonenstein« ein römisches Grenzzeichen? Spricht er von dem germanischen Volk der Teutonen?

Nach der Auflösung des Mainzer Kurstaates 1803 kam Miltenberg an das Fürstentum Leiningen, bei dessen Mediatisierung 1806 an das Großherzogtum Baden, 1810 an Hessen-Darmstadt, 1816 durch den Wiener Kongreß, der die staatliche Dreiteilung des Odenwaldes schuf, mit dem ganzen Odenwälder Mainufer an Bayern. Die bayrische Grenze beutelt sich um das Tal der Mudau, schließt die Klosterstadt Amorbach ein. Ihre Geschichte reicht weit ins 8. Jahrhundert zurück, als hier irische Mönche ein Kloster gründeten, das 993 durch kaiserliche Schenkung an das Bistum Würzburg gelangte und 1272 an den Erzbischof von Mainz.

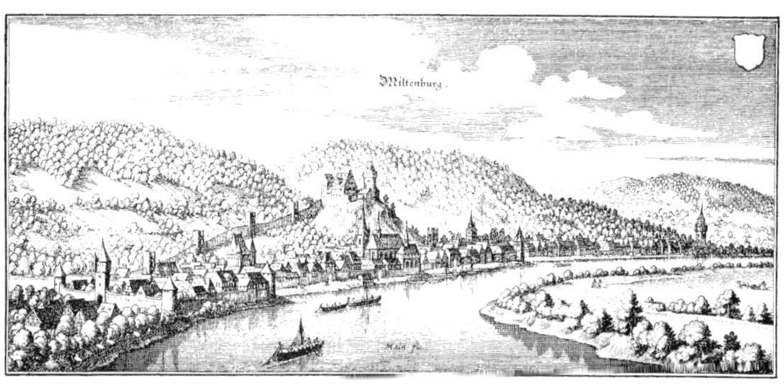

Matthäus Merian, Miltenberg, Kupferstich
Aus: Topographia Hassiae 1646

Die Abteikirche dominiert im Bild des schönen Städtchens. Sie ist ein Barockbau, der aber ältere Teile einbezieht. Der Mainzer Baudirektor Maximilian von Welsch – man kennt ihn von den Schlössern Pomersfelden, Würzburg, Bruchsal, und er baute Festungen in Erfurt und Mainz – errichtete den Neubau 1742 bis 1747, behielt aber die Umfassungsmauern und die Türme des romanischen Baues aus dem 12. Jahrhundert bei. So entstand in der Westansicht ein Miteinander der Stile über einer theaterhaften Treppenanlage. Über dem schlichten Grundriß einer kreuzförmigen Basilika wächst ein prächtiger Innenraum mit großartiger Ausstattung: Deckenfresken des Augsburgers Matthäus Günther und Stukkaturen von den beiden Wessobrunner Meistern Johann Michael Feichtmayr und Johann Georg Üblherr. Sie schufen auch den Hochaltar. Für die prunkvolle Kanzel und für das Chorgitter mit seinem Rankenwerk gewann der Abt zwei namhafte Würzburger Meister, den Hofbildhauer Johann Wolfgang von der Auwera und den Kunstschlosser Markus Gattinger. Später kam die große Orgel mit ihren dreitausend Pfeifen hinzu, ein Werk der Brüder Stumm.

1803 endete die Klosterzeit. Der Reichsdeputationshauptschluß befahl die Aufhebung der geistlichen Herrschaften, mit deren Besitzungen die von Frankreich enteigneten Fürsten entschädigt wurden. So kamen die Fürsten von Leiningen, deren fruchtbares, üppiges

Stammland in der linksrheinischen Pfalz lag, in den Odenwald. Sie herrschten nun für ganze drei Jahre über ein armes Waldland, das von Miltenberg am Main bis Eberbach am Neckar reichte und außer dem Besitz der Abtei auch mainzische, kurpfälzische und würzburgische Gebiete umfaßte. In Amorbach richteten sie ihre Residenz ein. Der Wohnsitz des mainzischen Amtmannes trug fortan als fürstliches Palais das Leininger Wappen im Giebel, die Abteikirche wurde evangelische

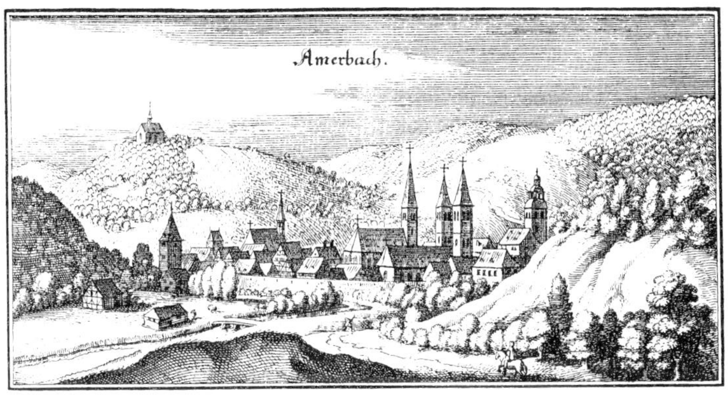

Matthäus Merian, Amorbach, Kupferstich
Aus: Topographia Hassiae 1646

fürstliche Hofkirche, die Klostergebäude nahmen die neue Verwaltung auf. Sie waren noch kurz vor der Auflösung des Klosters erweitert worden. Ein neuer Ostflügel war entstanden, und in seinen Pavillons wurde eine Bibliothek und der »Grüne Saal« eingerichtet. Sie sind mit ihren Stukkaturen und Schnitzereien Musterschöpfungen des Klassizismus.

Um die ehemalige Abtei liegt das Städtchen Amorbach mit stattlichen Fachwerkhäusern, mit spätgotischem Rathaus und dem Mainzer Amtshaus aus der gleichen Zeit, mit dem »Templerhaus«, dessen Obergeschoß von 1291 eine der ältesten Fachwerkkonstruktionen Deutschlands ist, mit einer Mariensäule am langgestreckten Marktplatz vor der katholischen Pfarrkirche. Sie ist der andere barocke Kirchenbau, eine Hallenkirche nach Plänen des Mainzer Ingenieurfähnrichs Alexander Schmitt mit Deckenfresken des Johann Zick von 1753.

In dem vor wenigen Jahren noch schönen und stillen Otterbacher Tälchen westlich der Stadt, das heute überbaut ist, liegt der Amorsbrunn: eine Quelle, aus der ein Bächlein entspringt, und über der Quelle ein Kirchlein, dessen Geschichte bis in die Zeit um 1200 zurückgeht. Aber der Kult an dieser Quelle ist viel älter, stammt wohl aus vorchristlicher Zeit. Die Legende erzählt, hier habe der Heilige Pirmin 714 die ersten Christen getauft und ein erstes Kirchlein geweiht, und der Name Amorsbrunn wie auch Amorbach gehe auf den Heiligen Amor zurück, welcher der erste Abt des 734 gegründeten Klosters gewesen sei. Namensgeber ist aber wohl der Amerbach gewesen, die »Ammer«, wie die Mudau auch genannt wird. Das Wasser der Amorsquelle galt als heilkräftig. Es half gegen Zahnschmerzen, Augenleiden, Unfruchtbarkeit. Kaiserin Maria Theresia soll ihren erstgeborenen Sohn Josef dem Amorsbrunner Wasser verdanken. Der Neubau der Kapelle 1521 und die reiche Ausstattung mit Altären und Statuen sind Zeugnisse frommer Dankbarkeit.

Es gibt auch andernorts im Odenwald Wasserheiligtümer: In Schöllenbach steht noch der Chor einer spätgotischen Wallfahrtskirche. Unter dem Altar entspringt eine Heilquelle, deren Wasser ins Freie fließt und an der Kirchhofsmauer geschöpft werden konnte. Und es gibt die Quellenkirche in Güttersbach und die Ottilienquelle von Hesselbach und das Quellhäuschen von Breitenbach.

Zurück nach Amorbach: Nördlich der Stadt ragt der Gotthardsberg auf, schiebt sich als markante Kuppe ins Mudautal vor. Dort oben stand eine Burg, an deren Stelle gegen Ende des 12. Jahrhunderts ein Nonnenkloster errichtet wurde. Da es nicht recht gedieh, vereinigte man es 1439 mit der Abtei Amorbach. 1714 wurden die Gebäude durch Blitzschlag zerstört. Es blieb die notdürftig überdachte Kirchenruine, eine romanische Pfeilerbasilika, ein feierlicher, monumentaler Raum von schwerem Ernst.

Die Fürsten von Leiningen waren zwar seit 1806 nicht mehr souveräne Landesherren, und Amorbach war nicht mehr Landeshauptstadt, aber es blieb Wohnsitz des Fürstenhauses, Mittelpunkt der nunmehr privaten fürstlichen Verwaltung des Grundbesitzes. Und die Fürsten blieben großzügige Mäzene. Unter ihrer Fürsorge entwickelte sich das Klosterstädtchen zu einer liebenswerten Residenzstadt mit kulturellem Anspruch, mit Lateinschule, Theater, Orchester. Etwas von diesem Fluidum ist bis heute spürbar geblieben. Und es gibt noch den großen Grundbesitz mit unermeßlichen Waldungen. Fürst Emich Karl erbaute sich 1810 in den Wäldern südwestlich von Amorbach ein Jagdhaus als künstliche Ruine einer gotischen Burg. An der gleichen Stelle errichtete sein Sohn Karl von 1828 bis 1847 das Schloß Waldleiningen. Es ist ein Bau im Stil der Neugotik und folgt englischen Anregungen. Dabei war die Verbindung mit England nicht auf architektonische Ideen beschränkt: Queen Victoria war eine Halbschwester des Fürsten Karl. Heute ist in dem einst hochherrschaftlichen Schloß ein Sanatorium untergebracht.

Das Flüßchen Mudau, dem wir bis Amorbach gefolgt sind, fließt oberhalb des Städtchens durch ein stilles grünes Tal. Auf einem Bergsporn über dem Talgrund liegt die Wildenburg der Herren von Durne. Sie stammten von Walldürn. Rupert von Durne wurde Vogt des Klosters Amorbach und begann um 1175 den Bau einer Burg als repräsentativen Amtssitz – eine neunzig Meter lange, vierzig Meter breite mächtige und prächtige Festung, ein Musterbau der Burgenarchitektur mit schweren, in der Sonne rotleuchtenden Buckelquadern präzise gemauert. Rupert von Durne, so wurde ermittelt, war Gastgeber des Wolfram von Eschenbach, der hier Teile des Parzival schrieb. Die Blütezeit der Wildenburg unter den Herren von Durne ging schnell zu Ende. 1271 verkauften sie die Burg an den Erzbischof von Mainz. Fortan saß hier ein mainzischer Burggraf. Die Burg war wohl schon verlassen, als 1525 die aufrührerischen Bauern von Amorbach her den Berg erkletterten und ihre Brandfackeln schleuderten. Aber auch noch die Ruine ist ein großartiges Denkmal staufischer Baukunst, eng verwandt den kaiserlichen Burgen und Pfalzen.

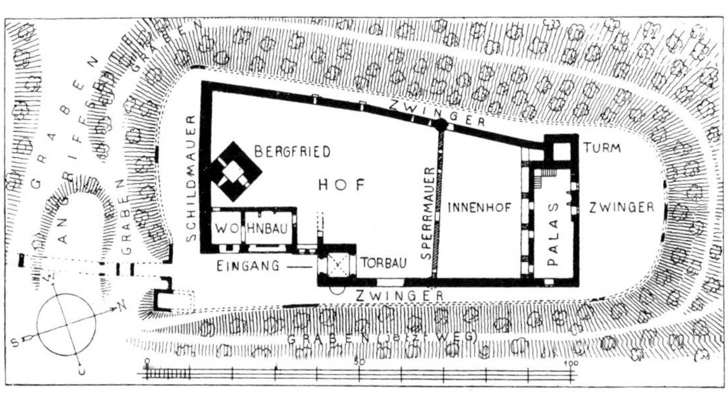

Burg Wildenberg, Grundriß

Wenige Kilometer östlich von Amorbach, auf badischem Gebiet, wurde 1984 ein großes Werk durch den »Förderverein Odenwälder Bauernhaus« begonnen: die Rettung »ländlicher Haus- und Lebensformen zwischen Rhein, Neckar, Main und Tauber« im Freilandmuseum Walldürn-Gottersdorf. Gebäude, die sonst zerstört worden wären, wurden in ihren Dörfern Stein um Stein und Balken um Balken oder auch Wand nach Wand abgebaut und hier zwischen Wiesen und Feldern an einem Weiher wiederaufgebaut, neben dem Dörfchen Gottersdorf, von dem einige wertvolle Häuser dem Museumsdorf angeschlossen wurden. Gleichzeitig begann die Einrichtung der »Museumsstraße Odenwälder Bauernhaus«, die heute von einem eigenen Verein betreut wird. Mit 33 Stationen werden ländliche Kulturgüter vorgestellt: Bauernhäuser, Arbeitsstätten, Kirchen, Siedlungsformen, Anbaumethoden.

Der östliche Odenwald, der über Jahrhunderte zum Kurstaat Mainz gehörte, ist zusammen mit dem Bauland immer ein katholisches Land gewesen. Und so stehen in den Dörfern und Städten des »Madonnenländchens« die Mariensäulen und an den Straßen und Wegen die Bildstöcke als Zeichen der Volksfrömmigkeit. Dargestellt sind der Gekreuzigte, die Heilige Familie, die Dreifaltigkeit, der tote Christus auf dem Schoß Mariens. Besonders auffällig ist das Walldürner Blutbild. Die Legende erzählt von einem Priester, der im Jahre 1330 in der Pfarrkirche von Walldürn beim Meßopfer den Kelch umgestoßen habe. Der Wein ergoß sich auf das Korporale, das Kelchtuch. Aus den Flecken formten sich das Bild des Gekreuzigten und Abbilder des Hauptes Christi. Aus diesem Wunder und den folgenden Krankenheilungen erwuchs eine Volksbewegung. In Mirakelbüchern wurden die Wunder aufgezeichnet: »Item das sind die Zeichen des hl. Blutes. Item Hans Aade von Rumpfen dem war ein Kind ertrunken in einem Bache; das gelobten sie zu dem Heiligen Blute; da war das Kind wieder lebendig; das geschah auf St. Joh. Baptist Abend«. Die Reformation hat die Wallfahrt beeinträchtigt, aber im Zuge der Gegenreformation erlebte sie einen gewaltigen Aufschwung. Walldürn gehörte neben Dettelbach und Vierzehnheiligen zu den größten fränkischen Wallfahrtsorten des 17. und 18. Jahrhunderts. Die Waller kamen in Bruderschaften, Fahnen und Musikkapellen voran, aus dem Rheinland, aus Franken und Hessen. Besondere Wallfahrtsgewerbe entstanden, welche die Waller mit Devotionalien und Mitbringseln, Lebkuchen und Zuckerguß, mit Wachsvotiven, Zinnreliefs, Kunstblumen und Kerzen versorgten. Das Städtchen hatte seinen Gewinn davon. Eine große barocke Kirche wurde erbaut, die in der Wallfahrtszeit, in den vier Wochen nach dem Dreifaltigkeitssonntag, auch heute noch Tausende Pilger empfängt.

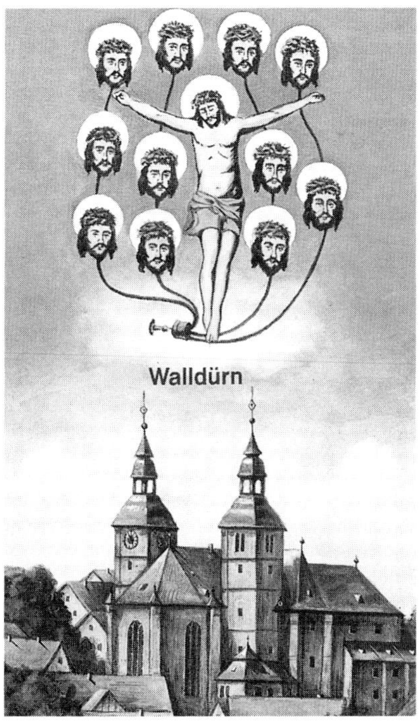

Walldürn, Andachtsbild

Mittelpunkt des Madonnenländchens, das heute »Fränkischer Odenwald« genannt wird, ist Buchen, eine alte Siedlungszelle im fränkischen Gau Wingarteiba, die 774 im Lorscher Codex genannt wird. Im 9. Jahrhundert kommt Buchen an die Abtei Amorbach. Seit dem 12. Jahrhundert sind die Herren von Durne auch Ortsherren von Buchen, das sie 1309 an das Erzstift Mainz verkaufen. 1803 kommt die Stadt an Leiningen, 1806 an Baden. Im Jahre 1717 hatte ein Brand große Teile der Innenstadt verwüstet. Viele Bürgerhäuser und auch das Rathaus wurden nach der Katastrophe neu erbaut. Buchen war mainzische und badische Amtsstadt und durch zahlreiche Handwerker und Händler ein Zentrum für das weite Hinterland. Namentlich als Hafnerort war Buchen bekannt. 1803 gab es hier elf Töpfereien. Ihre Erzeugnisse – derbe, bäuerliche, schlichte Gefäße, Formen, die in sich vollkommen sind und fern aller Kunstkeramik – stehen heute noch in vielen Wohnungen des Umlandes und in den Vitrinen des Bezirksmuseums. Es ist in der ehemaligen kurmainzischen Kellerei untergebracht, im Steinernen Bau, einst

Dienstsitz des Amtmannes und Sommerresidenz der Erzbischöfe und Kurfürsten, in der Zehntscheuer und im benachbarten Fachwerkhaus, wo der Amtmann seine Wohnung hatte. In diesem Haus verbrachte der Komponist und Königlich schwedische Hofkapellmeister Joseph Martin Kraus, Sohn des damaligen Amtmannes, von 1761 bis 1776 seine Jugendjahre. Heute erinnert hier eine Sammlung von Notenblättern, Porträts, Musikinstrumenten und persönlichen Andenken an den Komponisten und seine Zeit.

Buchens Hauptstraße führt von Westen her durch die Vorstadt zum Platz »Am Bild« mit der schönsten Mariensäule des Landes und weiter als »Marktstraße« durch das Mainzer Tor zum Marktplatz. Dort steht unterhalb der Pfarrkirche das barocke Rathaus aus leuchtendem roten Sandstein. Der Turm der Kirche und der Turm des Mainzer Tores sind die Angelpunkte der Stadtarchitektur. Am Torturm begrüßt über der Einfahrt der »Blecker« den Ankommenden – oder schreckt er ihn ab? Denn der entblößte Hintern der Figur und die herausgestreckte Zunge sind eigentlich Provokation, Verspottung, auch Abwehr unheilvoller Mächte wie der Breilecker auf Burg Breuberg und die Schreckfratzen, Neidköpfe an Sakralbauten und Wohnhäusern nicht nur des Odenwaldes. Das Relief des Bleckers ist erst 1949 angebracht worden, aber im Museum steht das Original, eine vollrunde, roh behauene Steinfigur vom Mainzer oder vom abgebrochenen Würzburger Tor. Ihre vergoldete Nachbildung ist Mittelpunkt der Buchener Fastnacht. Der Blecker wird im Zuge mitgeführt, umtanzt und umsprungen von den Huddelbätzen in ihren bunten Flickengewändern, und er streckt seinen Arsch in die Höhe und empfängt die Küsse der Narren.

Buchens Umgebung, dieses Land zwischen den Forsten des Odenwaldes und den weiten Ackerflächen des Baulandes, auf der Grenze von Buntsandstein und Muschelkalk, auf der historischen Grenze zwischen Römerreich und Germanien, ist reich an Schätzen. Da ist im Nordwesten die Kapelle von Steinbach. Der Chor wurde 1494 von Hans Eseler erbaut, das Schiff im 16. Jahrhundert erweitert und zu Beginn des 18. Jahrhunderts neu ausgestaltet. Zu seinem fünfhundertsten Geburtstag wurde das Kirchlein restauriert. Der spätgotische Hochaltar strahlt wieder im alten Glanz.

Wöchnerinnen-Schüssel, Hafnerei Wilhelm Fertig, um 1950, Buchen, Bezirksmuseum

Östlich Buchens zieht sich der Vordere Limes durch die Wälder und über die Äcker zwischen Odenwald und Bauland. Er kommt von Miltenberg her, wurde bei Walldürn von einem Numeruskastell gesichert und beginnt beim Hönehaus, einem Kleinkastell, seinen schnurgeraden Lauf nach Süden. Südlich von Buchen, schon im Muschelkalk des Baulandes, lockt die Eberstädter Tropfsteinhöhle viele Besucher an, und nahebei, am Rande des Dörfchens Eberstadt, steht ein kleines Barockschloß hinter Wiesen vor der Kulisse alter Bäume. Ebenfalls im Süden, an der Straße von Adelsheim her, ragt über Bödigheim die Burg der Rüdt von Collenberg.

Und westlich von Buchen schließlich das Dörfchen Hollerbach. Dort gibt es das Gasthaus Engel, und das bewahrt Erinnerungen an eine Malerkolonie, die auch zur Kulturlandschaft Odenwald gehört. 1905 begann ihre Geschichte, als der Maler Franz Wallischeck aus Karlsruhe und der in Waldshut tätige, in Mudau geborene Zeichenlehrer Arthur Grimm sich in dem Dörfchen begegneten, beide jung, und beide begeistert von der Landschaft des hinteren Odenwaldes, die noch ganz unberührt war – eine Gegenwelt zur Unrast der großen Städte. Zu den beiden Künstlern gesellten sich andere: Wilhelm Guntermann, der aus Bensheim stammte und in Karlsruhe studierte, der Däne Einar Quaade, der Deutschamerikaner Harold Bruntsch, der Schweizer Rudolph Burkhardt und Waldemar Coste aus Frankfurt. Sie wohnten bei den Bauern, lebten in Freundschaft mit ihnen, trafen sich im Dorfwirtshaus und malten die biedere Odenwälder Gaststube mit Szenen spanischer Stierkämpfe aus. Und sie hinterließen beachtliche Landschaftsbilder in der Tradition Wilhelm Trübners und der Karlsruher Akademie.

Mag die Hollerbacher Malerkolonie ein eher regionales Kunstphänomen gewesen sein, so hat doch der Odenwald auch zur international bedeutsamen Kunst unserer Gegenwart beigetragen. In Hornbach bei Walldürn bezog 1971 der Maler und Bildhauer Anselm Kiefer mit seiner Familie Quartier im ehemaligen Schulhaus, und in Buchen gründete er in einer Industriehalle seine Werkstatt. Hier entstanden die großen Gemälde, die Bleireliefs, die Assemblagen, in denen Mythen und Urbilder beschworen wurden, und hier wurden die Aktionen und »Lehrstücke« erdacht. Kiefer wurde international bekannt und plante in Buchen einen Kunstpark – ein Projekt, welches das Provinzstädtchen Buchen weltweit bekannt gemacht hätte. Schade, daß es nicht verwirklicht werden konnte.

Gebürtige Odenwälderin ist Rebecca Horn. Sie stammt aus Michelstadt, studierte in Hamburg, wurde bekannt durch die Verwandlung des eigenen Körpers in kinetische Skulpturen, durch Rauminstallationen und durch ihre Bewegungen und Gesten intensiv erfassenden Filme. Heute lehrt sie in Berlin, wohnt zeitweise in Paris, ist in Barcelona oder in New York, arbeitet auch in ihrem Odenwälder Atelier.

Kulturlandschaft Odenwald – dazu gehören auch die Bräuche, von denen sich bemerkenswert viele bis heute erhalten haben: die Feuerräder und Feuerhaufen zur Fasnacht, die Sommertagszüge mit Stecken, Brezel und Ei, die Binseneier zu Ostern, das Brunnenschmücken

Sommertagszug in Weinheim mit den alten Fruchtbarkeitssymbolen Stecken, Brezel und Ei

an Pfingsten, die Kirchweihbräuche mit Kerweparre und den Kerweborscht und der Kerweschlumpel. Es gab einmal eine Odenwälder Tracht, abgewandelt von Ort zu Ort. Sie entstammte dem 18. Jahrhundert, war schlicht und bescheiden, ohne Goldbrokat und Spitzen, zurückhaltend in den Farben. Sie wäre ganz untergegangen, wenn nicht Trachtenvereine sich ihrer angenommen hätten und sie bei Heimatfesten und Trachtenabenden vorführten.

Viele Handwerkstraditionen des Odenwaldes sind seit Beginn unseres Jahrhunderts ausgestorben. Es gibt nicht mehr die Holzdrahthobler und die Nagelschmiede, die Rechenschnitzer und Schachtelmaler und Zunderschwammklopfer. Aber der Adam Krämer in Beerfurt drechselt noch immer die Odenwälder Holzpferdchen. Es gibt noch Schindelmacher, und der Köhler Adam Knopf baut noch seine Kohlenmeiler auf der Raubacher Höhe. In Erbach schnitzen geschickte Handwerker noch immer Ketten und Broschen, Figuren und Gefäße aus Elfenbein und – des Artenschutzes wegen – aus Mammutzahn.

Ebenfalls in Erbach, in einem Betrieb, der seit bald vierhundert Jahren in Familienbesitz ist, entstehen auf der Töpferscheibe noch immer Odenwälder Krüge, Schüsseln, Teller und Becher, und sie werden mit den altüberlieferten Blumen- und Tupfenmustern, mit Spiralen und Wellenlinien verziert. Aber sie dienen nicht mehr dem bäuerlichen Haushalt.

Es drehen sich noch einige Mühlräder an Odenwaldbächen, und bei ihrem Anblick könnte man nostalgischer Schwärmerei verfallen und vergessen, daß sich auch diese Landschaft verändert hat. Der Hochwald stirbt auf weiten Flächen. Viele Dörfer und Städte haben ihr Gesicht verloren, haben sich über die Maßen erweitert, haben durch die Mißachtung landestypischer Bauweise und die Verschandelung alten Baubestandes gelitten. Talauen und Berglehnen werden von neudeutschen Eigenheimen, von Gewerbegebieten und Einkaufszentren überwuchert. Dorfstraßen sind zu Verkehrsschneisen geworden. Mauerwerk wurde hinter Kunststoffplatten versteckt. Einscheiben-Fenster, »Typ 2000«, verdrängten die alten Sprossenfenster. Lebendige Dachlandschaften wurden geradegerückt und mit engobierten Normziegeln gedeckt. Alte Lattenzäune wurden durch Betonelemente ersetzt. Es mag uns ein Trost sein, daß dennoch so viel Schönheit erhalten blieb. Aber für die Zukunft wäre es wichtig, andere Wege zu finden: das Alte zu respektieren, auch wo es krumm und faltig ist, und die Natur zu schützen, auch wo sie mit Wildwuchs in unsere Gärten eindringt.

Bergstraße: Südliche Wärme und Fruchtbarkeit – »O Deutschland, Deutschland, wie gerne möchtest du Italien sein!« schwärmte im 16. Jahrhundert der italienische Theologe Hieronymus Zanchius. An den Hängen Wein und Obst, in der Ebene die Reste römischer Landgüter – hier die villa rustica von Großsachsen – und deren heutige Nachbarn, die Neubauernhöfe. Aber auch eine bedrohte Landschaft, immer stärker zersiedelt und versiegelt.

Das Rathaus der einstigen Residenzstadt.

Mitte: Ludwigssäule von 1844, Denkmal für den ersten Großherzog.

Hoftheater von Georg Moller aus dem frühen 19. Jahrhundert.

Hessisches Landesmuseum, 1897–1902, von Alfred Messel.

Orangerie im Vorort Bessungen, 1719–1721, von Louis Remy de La Fosse.

Ludwigskirche 1822–1827 von Georg Moller.

Die Akazien im Herrengarten.

Das Schloß der Landgrafen und, seit 1806, der Großherzöge von Hessen-Darmstadt. Ein unvollendeter Barockbau von Louis Remy de La Fosse vor dem Altschloß (links) mit seinem Glockenturm. Und ein Rest des bürgerlichen Darmstadt: Barockgiebel in der Alten Vorstadt, die im 17. Jahrhundert bebaut wurde.

Das Darmstadt des Jugendstils: Die Künstlerkolonie auf der Mathildenhöhe, die 1901 mit einer ersten Ausstellung international bekannt wurde. Oben das eigene Wohnhaus von Peter Behrens und das Haus Deiters von Josef Maria Olbrich.

Gegenüberliegende Seite: das Atelierhaus von Olbrich, unten die ältere russische Kapelle vor dem Ausstellungsgebäude und dem Hochzeitsturm. Daneben der Schwanentempel.

Heiligenberg: Ein Landgut oberhalb von Jugenheim wurde 1831 von Georg Moller zu einem Sommerschloß umgebaut. Es war später Familienresidenz der Battenberger, deren Nachkommen in die Fürstenhäuser Europas einheirateten.

Links das Rathaus zu Seeheim von 1599 und Burg Frankenstein, die ins 13. Jahrhundert zurückreicht.

Das »Alsbacher Schloß« wurde um 1230 von Gottfried I. von Bickenbach erbaut und 1463 in einer Fehde mit der Reichsstadt Frankfurt geplündert und »ausgebrannt«.

Das Städtchen Zwingenberg beherrscht die Bergstraße in einem Engpaß zwischen den Bergen und den Sümpfen eines ehemaligen Neckarlaufs. Unterhalb der einstigen Burgstadt entstand im 14. Jahrhundert die Neustadt. Die dicht gedrängten Häuser zu Füßen der Bergkirche bieten das Musterbild einer alten Stadt.

Die gewaltige Festung ist Glied der Kette Lorscher Schutzburgen entlang der Bergstraße. Die Ruine wurde im 19. Jahrhundert von den Romantikern als Wahrzeichen der Vergangenheit wiederentdeckt.

In einem kurzen Abzweig des Hochstädter Tales, östlich des Dorfes Auerbach, liegt das Fürstenlager, umgeben von einem weiten Englischen Garten – Sommerrefugium des Darmstädter Hofes.

Um einen Gesundbrunnen entstanden am Ende des 18. Jahrhunderts die Bauten für ein bescheidenes Hofleben. Links oben das Herrenhaus, unten das Wachhaus. Hier genoß man das Leben, während in Paris schon die Köpfe rollten.

Das Städtchen liegt da, wo das Lautertal sich zur Ebene hin öffnet. Es hat trotz der Zerstörungen im 2. Weltkrieg seinen Stadtkern bewahrt. Am Marktplatz steht das spitzgiebelige Hochzeitshaus von 1530, wo die Bürger ihre Feste feierten. Viele Adelsgeschlechter bauten in Bensheim ihre Stadthöfe. Rechts der Rodensteiner Hof, auch »Bensheimer Schloß« genannt.

Die katholische Georgskirche, 1826–1830 nach den Plänen Georg Mollers erbaut. Daneben Schloß Schönberg, das im 16. Jahrhundert aus einer Burg des Mittelalters entstand. Es war im 18. Jahrhundert Sitz der Grafen von Erbach-Schönberg.

Heinrich Metzendorf aus Heppenheim errichtete um 1900 zahlreiche Villen und Geschäftsbauten an der Bergstraße – 130 allein in Bensheim.

Oben das eigene Wohnhaus des Architekten, 1902/03, Ernst-Ludwig-Straße 21. Wie Muthesius in Berlin verarbeitete Metzendorf Anregungen der englischen Wohnkultur.

Die Peterskirche entstand um 1900. Der linke Turm wurde vom Vorgängerbau übernommen. Die ursprüngliche Kirche gehörte mit dem Ort und der Mark Heppenheim dem Kloster Lorsch. Auch der Amtshof und die Starkenburg reichen in die klösterliche und später erzbischöfliche Vergangenheit der Stadt zurück.

Unten: Die Apotheke am Marktplatz, gegenüber dem Rathaus (gegenüberliegende Seite). Beide Gebäude wurden nach dem Stadtbrand 1693 neu errichtet.

Die Königshalle des Klosters Lorsch stand einst im Vorhof der Klosterkirche, die längst zerstört ist. Nur ein Teil des Mittelschiffs der Vorkirche steht noch aufrecht (unteres Bild). Die Königshalle, wohl als Huldigungsmal für Karl den Großen nach dessen Kaiserkrönung 800 erbaut, wurde im 14. Jahrhundert durch ein steileres Dach verändert. Die ursprüngliche Dachhöhe zeigt das große Bild.

Von der pfälzischen Burg in Hemsbach blieb nur das Ritterhaus erhalten, die heutige »Zehntscheuer«. Nebenan erbaute um 1850 Karl Meyer Freiherr von Rothschild eine Villa, die heute Rathaus ist. Zentrum der jüdischen Gemeinde war die Synagoge, über deren Portal ein Bibelvers die Gnade Gottes erfleht.

Das Weinheimer Schloß – eine weitläufige Anlage, deren ältester Teil der pfalzgräfliche Bau des 16. Jahrhunderts mit Treppenturm und Erkeranbau ist (rechts). Das Obertor (links) ist in den Kernbau einbezogen. Am Schloßpark, den wohl Ludwig von Sckell geplant hat, liegt der ehemalige Herrenhof der Ulner von Dieburg (oben). Im späten 19. Jahrhundert errichteten die Grafen von Berckheim den historistischen Nordflügel des Schlosses mit dem markanten Turm.

Weinheims Altstadt, die eigentlich »Neustadt« ist, denn der ältere Siedlungskern lag weiter nördlich an der Weschnitz. Im oberen Bildteil die Oberstadt mit Marktplatz, Rathaus und Kirchen. In der Unterstadt lebten die Gerber im Tal des Grundelbaches, von dem man den Gerberbach abgeleitet hatte.

Im Gerberviertel die dichtgedrängten Wohnungen und Werkstätten tief unter den Rückfronten der Häuser an der Hauptstraße. Wappen, Handwerkszeichen, Monogramme markieren die Anwesen.

Von den Stufen der katholischen Stadtkirche blickt man über den Marktplatz hinauf zur Windeck, eine der Schutzburgen des Klosters Lorsch, die 1264 in den Besitz der Pfalzgrafen überging. Sie hatten kurz zuvor zu Füßen der Burg die Neustadt Weinheim gegründet.

Vom Marktplatz aus ziehen schmale Straßen nach Süden und Norden. Oben das »Plönlein« in der Gabelung von Obergasse und Hauptstraße, rechts die Mittelgasse zwischen Marktplatz und Hutplatz.

Unterhalb der Weinhänge liegt das alte Dorf Leutershausen, das sich mit Großsachsen zur Gemeinde Hirschberg zusammengeschlossen hat. Die Trümmer der Hirschburg liegen oben im Wald. Im 18. Jahrhundert wurde Leutershausen Sitz der Grafen Wiser, die sich ein repräsentatives Schloß bauen ließen.

Die Mauern der Schauenburg über Dossenheim, die leuchtenden Porphyrsteinbrüche und die Strahlenburg in den Weinbergen über Schriesheim mit dem weiten Blick in die Ebene – eine klassische, südliche Landschaft, die vor weiterer Bebauung bewahrt werden muß.

Der Hof der Wormser Bischöfe mit der Jupiter-Giganten-Säule aus der römischen Vergangenheit Ladenburgs. Ein Wappenstein am Bischofshof. Der Handschuhsheimer Hof, einer der Adelssitze. Bürgerhäuser in der Kirchenstraße. Das Wohnhaus von Carl Benz. Vom römischen »Lopodunum« bis in die automobilisierte Gegenwart reicht die historische Spannweite der Stadt.

Die gotische Galluskirche in Ladenburgs Mitte steht über den gewaltigen Mauern einer römischen Marktbasilika. Die Krypta des Vorgängerbaus ist in die Apsis des römischen Bauwerkes eingebaut. Die Länge der Kirche entspricht der Breite der Basilika, deren Grundmauern im Kirchhof freigelegt sind.

Die Wasserburg der Herren von Handschuhsheim im heutigen Heidelberger Vorort. In der Vituskirche das Grabmal des Hans von Handschuhsheim und seiner Schwester. Über Handschuhsheim erhebt sich der Heiligenberg mit den Ruinen des Michaelsklosters, einer Tochtergründung des Klosters Lorsch.

Das Residenzschloß der Pfalzgrafen und Kurfürsten. Die Paläste des 16. und 17. Jahrhunderts umstehen den Schloßhof: Der Friedrichsbau, 1601–1607, der Gläserne Saalbau, 1547–1549, und der Ottheinrichsbau, 1556 begonnen, mit einem Portal nach dem Vorbild römischer Triumphbögen. Und die Nordfront des Schlosses mit der Reihung von Glockenturm, Gläsernem Saalbau, Friedrichsbau, Faßbau, Englischem Bau und Dickem Turm.

Heiliggeistkirche, Grabstätte der Kurfürsten, um 1400 begonnen, der Chor 1411 geweiht. Das dunkle Langhaus öffnet sich in den hellen Chor. Die Alte Brücke über den Neckar, 1786–1788, führt durch die Steingasse in die Stadt.

Blick vom Schloßaltan auf Heidelberg mit Jesuiten- und Heiliggeistkirche. Die Alte Universität, 1712–1728, aus der gleichen Zeit wie das Palais Moraß, heute Kurpfälzisches Museum. Eine Hausmadonna aus der Zeit der Rekatholisierung der Pfalz im 18. Jahrhundert. Und in den Gassen der kleinen Leute das Geburtshaus des Reichspräsidenten Friedrich Ebert.

Leimen: Palais Seligmann.

Wiesloch: Laurentiuskirche. – Rechts: In der Stadtmitte.

Wiesloch: Stadtapotheke mit dem Denkmal für Berta Benz.

Stift Neuburg über dem Neckar, ein Lorscher Tochterkloster, seit 1926 wieder von Benediktinern besetzt.

Neckargemünd an der Einmündung der Elsenz in den Neckar.

Die Kirche des einstigen Klosters Lobenfeld

Festung Dilsberg über dem Neckar

Oberburg Dilsberg. – Unten: Tor zur Burgsiedlung.

Die Vierburgenstadt war Sitz der Landschad von Steinach. Ihre Burg Schadeck klebt wie ein Schwalbennest am Steilhang über dem Neckar. Die Pfarrkirche entstand 1481 bis 1483. Sie war Grablege der Landschad. Hier einer der Grabsteine: Ulrich V. Landschad. Glasgemälde in einem der Chorfenster, um 1483. Originale im Hessischen Landesmuseum Darmstadt.

Im Tal der Steinach gründeten Zisterzienser 1142 ein Kloster. Mit der Reformation der Kurpfalz wurde es aufgelöst. Von den Klausurgebäuden ist einzig der Speisesaal der Mönche erhalten, eine zweischiffige Halle aus der Zeit um 1230.

Von den wenigen noch stehenden Nebengebäuden hier das Klostertor neben den Mauern der Torkapelle.

Die Hochebene nördlich von Neckarsteinach ist mit ihrer schwingenden Weite typisch für den Buntsandsteinodenwald, der östlich einer Linie von Heidelberg bis Groß-Umstadt den Granitodenwald ablöst.

Auf der Hochebene das Dorf Darsberg. In der schlichten kleinen Kirche steht ein kostbarer, 1460 bezeichneter Altar, der vielleicht aus der Kirche zu Neckarsteinach stammt.

Hoch über dem Städtchen die Burg der Herren von Hirschhorn. Vom Bergfried der Blick über die Vorburg ins Neckartal. Zwischen Burg und Stadt das Karmeliterkloster aus der Zeit um 1400. Die Kirche war Grabstätte der Hirschhorner. Im Kapitelsaal des benachbarten Konventbaues Fresken von Jörg Ratgeb, um 1513. Gegenüber von Hirschhorn, am Gleithang des Neckars, steht im alten Friedhof die Ersheimer Kapelle.

Unterhalb der Ruinen mächtiger Burgen das Städtchen Eberbach, einst geschützt von einer Stadtmauer mit vier Türmen. Hinter dem alten Badhaus mit seinem Fachwerkgiebel die spitze Haube des Haspelturmes. Dort ist heute ein sehenswertes Zinnfiguren-Kabinett untergebracht.

An die Vergangenheit Eberbachs als Fischerstadt erinnert der moderne Brunnen.

Oberhalb Eberbachs auf dem Steilhang des Neckars die Burg Zwingenberg. Ihre Besitzer kontrollierten die Schiffahrt und kassierten Zölle. Heute gehört die Burg dem Markgrafen von Baden. Im Sommer wird vor historischer Kulisse Theater gespielt.

Ein eigenartiger, markanter Bau ist das »Templerhaus« von Neckarelz, eine Ordensburg der Johanniter von 1297. Sie liegt an der Einmündung der Elz in den Neckar, wo früher ein Hafen und ein Holzlagerplatz der Flößer war.

Die Mosbacher Hauptstraße mit den Häusern der Familie Kapferer links und dem Palmschen Haus von 1610 an der Ecke zum Marktplatz. Der Erker wird von einer originellen Konsolfigur getragen.

Die Wasserburg in Lohrbach stammt aus dem 15. Jahrhundert und gehörte der pfälzischen Seitenlinie Pfalz-Mosbach. Sie war lange vernachlässigt und wird heute restauriert. Im Chorturm der Lohrbacher Kirche wurde ein Zyklus von gotischen Wandmalereien entdeckt.

Am Osthang des Felsberges, der 773 im Lorscher Codex als Grenzpunkt der Mark Heppenheim genannt wird, ist die einst geschlossene Granitdecke durch Verwitterung zu einem »Meer« von Felsblöcken aufgespalten worden. Römische Steinmetze bearbeiteten mit Steinsägen und Keilen die Blöcke zu Werkstücken für Bauten und Denkmäler.

Der Felsberg wird von den Dörfern Reichenbach und Beedenkirchen flankiert. Reichenbach war Zentrum der neuzeitlichen Granitindustrie. In Beedenkirchen bewahrt ein Museum Erinnerungen an die Geschichte des Felsberges. Kirche und Pfarrhaus bilden eine schöne Baugruppe inmitten des Dorfes.

Die Bergstadt Lindenfels mit der Lorscher Burg und dem Fürther Tor. Der Friedhof des Dörfchens Schlierbach mit den Grabbrettern.

Von Lindenfels nach Reichelsheim: Einzelgehöfte in weiter Landschaft, die einst von den Herren von Rodenstein beherrscht wurde.

Unten: Burg Rodenstein, Ruine seit dem Aussterben des Geschlechtes 1671. Epitaph des Hans von Rodenstein (1418–1500) in der Kirche von Fränkisch-Crumbach und sein Grabstein in der Kirche des Campo Santo Teutonico in Rom.

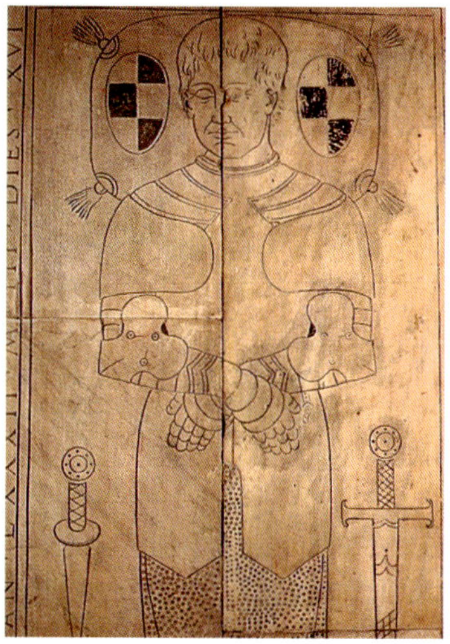

Fränkisch-Crumbach, Pfarrkirche zwischen Herrenhaus und Kellerbau, Stammsitz der Herren von Crumbach und nach ihnen der Rodensteiner. Im Kirchenchor die Grablege des Geschlechtes.

Ursprünglich war Reichelsheim Hauptort der Herrschaft Crumbach. Auf einem Hügel mitten im Ort die Wehrkirche.

Am Hang der Neunkircher Höhe, die 795 in der Grenzbeschreibung der Mark Heppenheim »Winterkasten« genannt wird, das Dorf Neunkirchen. Seine Kirche war Mittelpunkt eines Kirchspiels und schaut weit über das Land.

In der Talebene der Gersprenz nördlich von Reichelsheim liegen die Dörfer Brensbach mit der »schönsten Dorfkirche des Odenwaldes« und Wersau mit einer schlichten Kirche in einem ummauerten Kirchhof. Der Turm steht isoliert vom Kirchenschiff als Torturm im Ring der Mauer.

Über dem Fischbachtal das Schloß Lichtenberg, ein Renaissancebau der Darmstädter Landesherren anstelle einer Burg des Mittelalters.

Nördlicher Vorposten des Odenwaldes ist der Otzberg. Vom Bergfried der Burg blickt man weit über das Land, das der Reichsabtei Fulda gehörte und seit 1390 der Kurpfalz.

Die dem Otzberg benachbarte Wasserburg Nauses war ebenfalls pfälzischer Besitz bis 1803. Sie gehörte ursprünglich den Frauen des Nonnenklosters in Höchst, daher rührt die Bezeichnung »Frau Nauses«.

Groß-Umstadt am Rande der Reinheimer Bucht gehörte seit 766 dem Kloster Fulda. Später teilten sich viele Herren in den Besitz der Stadt. Die Bürger bekundeten ihr Selbstbewußtsein durch den Bau eines prächtigen Rathauses im Stil der Darmstädter Renaissance.

Die Weschnitz hat, wenn sie in Weinheim am Siloturm der Fuchs'schen Mühle vorbeifließt, schon einen langen Weg hinter sich. Sie entspringt bei Hammelbach, fließt zunächst nach Westen um den Rücken der Tromm herum und dann südwestwärts nach Weinheim.

Birkenau – das Schloß der Wambolt von Umstadt, heute durch die Bundesstraße von seinem Park getrennt, den Ludwig von Sckell um 1790 geplant hat. Und das Birkenauer Rathaus von 1552. Neben dem Eingang Pranger und Halseisen.

Das Langhaus der Pfarrkirche von Rimbach entstand 1779 anstelle der alten Kirche des 14. Jahrhunderts, deren Chorturm als Eingangsturm beibehalten wurde. Aber er erhielt eine mächtige barocke Haube. Der Innenraum entspricht dem Typus der protestantischen Predigtkirchen.

Bahnbau im Odenwald: Einige Bahnhöfe aus der Pionierzeit der Eisenbahnen haben sich erhalten, wie der Bahnhof von Mörlenbach. Der Durchbruch der Weschnitzlinie durch das Birkenauer Tal war eine technische Leistung. Das bedeutendste Bahnbauwerk im Odenwald aber ist der Himbächel-Viadukt der Nord-Süd-Verbindung von Reinheim nach Eberbach.

Waldmichelbach war Bergbauzentrum. Das Hammerschlößchen mit seinem Treppenturm aus der Zeit, als der Ulfenbach Hammermühlen und Blasebälge antrieb.

Nahe der Wegscheide steht am Kahlberg die Walpurgiskapelle. Von dort ein weiter Blick zurück auf den Granitodenwald.

Von der Wegscheide herab fließt der Marbach durch einstiges Bergbaugebiet nach Osten in die Mümling. Unterhalb von Hüttenthal ein Stausee, an dem im Sommer lebhafter Badebetrieb herrscht.

Die Mümling kommt von Süden her, entspringt in Beerfelden im »Zwölf-Röhren-Brunnen«, dem prächtigen Wassermonument aus der Zeit, als Beerfelden nach einem verheerenden Stadtbrand 1810 wiederaufgebaut wurde.

Nur neun Gebäude überdauerten den Stadtbrand. Die wiederaufgebauten Häuser haben schlichte, schindelverkleidete Fassaden.

Beerfelden war Gerichtsort einer Oberzehnt der Grafschaft Erbach. Daran erinnert der berühmte Galgen auf der Höhe über dem Ort.

Von der alten Stadtkirche wurde nur ein kostbares Glasgemälde vor der Vernichtung bewahrt.

Die alte Nord-Süd-Straße vom Mümlingtal über Beerfelden ins Gammelsbachtal wurde von der Burg Freienstein bewacht.

Das Schloß der Grafen zu Erbach. Der Bergfried der alten Wasserburg wurde 1497 mit Zwerchgiebeln und einem spitzen Helm bekrönt. Das Schloß entstand 1736 – ein langgestreckter Trakt von 20 Achsen, der erst später mit barocken Zutaten geschmückt wurde. Rechts im Bild die Orangerie am Lustgarten, lange vernachlässigt, dann restauriert. Sie birgt heute ein Café und Ausstellungsräume.

Im Erbacher Schloß trug Graf Franz I. (1754–1823) die Kunstwerke und historischen Objekte zusammen, die er auf seinen Reisen erworben oder in seinem Ländchen Erbach-Erbach aufgespürt hatte. Die Spannweite seiner Interessen war groß, reichte von der römischen Antike bis ins deutsche Mittelalter, umfaßte auch ritterliche Waffen und Jagdtrophäen.

Graf Franz hatte gelernt, Elfenbein zu drechseln und zu schnitzen. Seine eigenen Werke begründeten die Erbacher Elfenbeinkunst und stehen heute im Foyer des Deutschen Elfenbeinmuseums.

Um die Erbacher Wasserburg war das »Städtel« der Burgmannen und Ackerbürger entstanden. Pfarrkirche, Rathaus und Städteltor stehen an der Brücke über die Mümling.

Über dem Brunnen bei der Schloßmühle präsentiert der Löwe das Wappen der Grafen, die einst als »Schenken von Erbach« pfälzische Lehnsleute gewesen waren.

Das Jagdschloß Eulbach des Grafen Franz von 1802 nahe einem römischen Kastell und am Platz des untergegangenen Dorfes Eulbach.

Gegenüber der Englische Garten, den Ludwig von Sckell anlegte. Graf Franz ließ mit römischem Steinmaterial aus den Kastellen Eulbach und Würzberg römische Bauten rekonstruieren.

Der Odenwald-Limes führte unmittelbar an Eulbach vorbei. Die nächsten Kastelle nach Süden hin: Würzberg mit seinem Soldatenbad und Hesselbach, wo man die Palisade rekonstruiert hat.

Vom Wachtposten Schneidershecke bei Schlossau haben die Sockel zweier Türme überdauert. Aus dem einen stammt die Figurengruppe von Mars, Victoria und Salus, heute im Badischen Landesmuseum Karlsruhe. – Der Limes führte dann weiter über das Kastell Oberscheidental nach Neckarburken, wo zwei Kastelle die Limesstrecke bis zur Flußgrenze des Neckars sicherten.

Die gräfliche Kellerei aus dem 16. Jahrhundert anstelle der Lorscher Burg. – Der Fachwerkerker der Alten Färberei. – Die Synagoge von 1791 und der Judenfriedhof nördlich der Stadt. – Rechts gegenüber die berühmte Baugruppe von Kirche und Rathaus am Marktplatz von Michelstadt.

Die karolingische Basilika in Steinbach, als Eigenkirche erbaut von Einhard, dem Vertrauten Kaiser Karls des Großen, vollendet 827. Die mächtige Hauptapsis wurde von Nebenapsiden begleitet, von denen nur die nördliche verändert erhalten ist.

Schloß Fürstenau, aus einer Wasserburg der Erzbischöfe von Mainz entstanden. Die Burg mit drei Flügeln und vier Ecktürmen wurde im 16. Jahrhundert in ein Renaissanceschloß verwandelt.

Das Schloß der Erbacher, dahinter die Kirche mit gotischem Turm. Ihr Innenraum folgt dem Muster protestantischer Predigtkirchen. Rund um das Kurstädtchen weite Hochflächen.

Der hl. Alban war Bischof in Mainz gewesen und wurde Patron des Albanklosters in der Bischofsstadt und auch der Pfarrkirche von Brombach. Sie liegt beherrschend über dem Ort inmitten des ummauerten Kirchhofes, zu dem vom Dorf her die Wege aufsteigen. Im spätgotischen Chor mit seiner reichen Ausmalung steht das bedeutendste Altarwerk des Odenwaldes. Es wurde um 1520 wohl in einer Mainzer Werkstatt gefertigt. Im Schrein thront der Heilige Alban zwischen seinen Begleitern. Auf den Flügeln wird vor dem Hintergrund des St.-Alban-Klosters zu Mainz die Legende des Heiligen erzählt. Die Predella bringt das Thema »Christus in der Rast«: Der trauernde Christus vor seiner Kreuzigung. Vor den Stufen des Chores ein origineller Taufstein aus der Zeit des Langhausbaues nach einem Brand 1714.

Auf der Hochfläche zwischen Gersprenz- und Mümlingtal wurde ein römischer Gutshof von enormer Ausdehnung freigelegt.

Das Wohnhaus des Besitzers war prächtig ausgestattet und konnte durch Hypokaustanlagen von unten her beheizt werden.

Zum Badegebäude gehörte eine viersitzige Toilette, die an einen Kanal angeschlossen war.

Der Matronenstein mit den drei keltischen Muttergottheiten in der Kirche von Mümling-Grumbach stammt vielleicht aus der villa rustica von Hummetroth.

Der Hof der Kernburg mit romanischem Torbau und gotischen Wohnbauten.

Mauermassen über dem Burggraben: Die Vorburg mit dem Torhaus, dahinter die Kernburg mit Palas und Bergfried aus der Zeit um 1200.

In der Vorburg: Der steinerne Wächter, der über dem Portal des Zeughauses die Armbrust auf den Eintretenden richtet. In der Vorburg der Johann-Casimir-Bau mit üppiger Stuckdecke im Rittersaal. Auf diesem Medaillon ist Amphitrite dargestellt, die Gemahlin des Poseidon, umgeben von Wellen und Wasserwesen.

Am Main das Barockschloß Kleinheubach der Fürsten Löwenstein-Wertheim, ein repräsentativer Dreiflügelbau mit prunkvoll gestaltetem Mittelpavillon.
Im Wald oberhalb von Kleinheubach liegen die Heunesäulen, römische oder mittelalterliche Werkstücke.
In Trennfurt steht im Eingang der Kirche ein römischer Altar, auf dem sich eine Holzfällereinheit der 22. Legion in Mainz an Jupiter, Silvanus und Diana wendet.

Miltenberg, kurmainzische Stadt, Münz- und Zollstätte zwischen zwei einstigen Römerkastellen. Die Mildenburg liegt über den Dächern der Stadt am Hang des Greinberges. An der Hauptstraße zwischen Berg und Fluß die Fachwerkhäuser bürgerlicher und hochherrschaftlicher Art – rechts oben das Haus zum Riesen, schon 1504 als Fürstenherberge genannt, 1590 umgebaut.

Das »Schnatterloch«, der Marktplatz von Miltenberg, mit dem Hohen Haus. Daneben das Tor zum Burgweg. Der Marktbrunnen stammt von 1583. Die Burg im Hintergrund geht mit ihrem Kern ins 13. Jahrhundert zurück.

Die Abteikirche inmitten des Städtchens Amorbach mit der Barockfassade zwischen romanischen Türmen. – Die Kirche vom Schloßplatz aus mit dem Westflügel der Klostergebäude aus dem 17. Jahrhundert.

Rechts: Die Fassade der Abteikirche ist eine gelungene Verbindung von bewegtem Barock des 18. und wuchtiger Romanik des 12. Jahrhunderts.

Die ehemalige Abteikirche besitzt eine glanzvolle Ausstattung.

Noch gegen Ende des 18. Jahrhunderts wurde der Ostflügel des Klosters errichtet. Die beiden Endpavillons enthalten die Bibliothek und den Grünen Saal. Sie sind mit ihren Schnitzereien und Stukkaturen Meisterwerke des Klassizismus.

Amorbachs andere Barockkirche ist die katholische Pfarrkirche, auch sie mit hervorragender Ausstattung. Sie steht hinter dem Marktplatz mit der Mariensäule.

Unten das »Templerhaus«, Stadtburg der Rüdt von Collenberg. In der Mitte das Mainzer Amtshaus und rechts das Palais der Fürsten von Leiningen, ehemals Wohnhaus des Mainzer Oberamtmannes.

Die Wallfahrtskapelle von Amorsbrunn mit ihrem gotischen Hauptaltar.
Unten: Schöllenbach im Eutertal und seine Quellkirche, 1465 erbaut.

Der Gotthardsberg bei Amorbach, ein Frauenkloster anstelle einer 1168 zerstörten Burg. Heute ist die Kirche eine Ruine mit eindrucksvollem Innenraum.

Waldleiningen, das ehemalige Jagdschloß der Fürsten von Leiningen im Stil der englischen Neugotik inmitten der weiten Wälder des Fürstenhauses.

Die große Burganlage aus der Stauferzeit liegt hoch über dem Mudautal auf dem Preunschener Berg. Sie war Sitz der Grafen von Durne, kam 1271 an Mainz und wurde im Bauernkrieg zerstört. Links der über Eck gestellte Bergfried aus mächtigen Buckelquadern, rechts der Torturm über der Eingangshalle mit ihren gestuften Rundbögen (unten).

Östlich von Amorbach, beim Walldürner Ortsteil Gottersdorf, entsteht seit 1984 ein Freilandmuseum mit translozierten, umgesetzten Bauernhäusern. Einer der Höfe steht am alten Platz, am Ortsrand von Gottersdorf: der Hof Schüßler. Er wurde mit all seinen Möbelstücken übernommen, und in den Stuben konnten die alten Wanddekorationen Schicht für Schicht freigelegt werden.

Nicht nur Wohnhäuser, auch Ställe, Scheunen, Werkstätten, Grünkerndarren, die sonst vernichtet worden wären, wurden hier wiedererrichtet, auch der Kleintierstall aus Bödigheim.

Das Freilandmuseum wird von einem Förderverein unter Vorsitz des Bürgermeisters von Walldürn getragen. Wenigstens einige Zeugnisse einstiger bäuerlicher Kultur des Odenwaldes, des Baulandes und – in Zukunft – auch des Neckarlandes sollen bewahrt werden. Hier ein Wohnhaus aus Neckarburken von 1798, in dem auch die alte Postagentur rekonstruiert wurde. Daneben die Stallscheune. – Das Freilandmuseum ist wichtigste Station der »Museumsstraße Odenwälder Bauernhaus«, die von einem eigenen Verein betreut wird. Sie reicht quer durch Odenwald und Bauland von Eberbach bis Wertheim.

Der östliche, der fränkische Odenwald ist gut katholisches Land. Mariensäulen – hier die von Mudau – und Bildstöcke bezeugen tief verwurzelte Frömmigkeit. Auffallend die Darstellungen des Heilig-Blut-Wunders von Walldürn mit der Kreuzigung und den Häuptern Christi auf dem Kelchtuch.

Im nördlichen Querschiff der Wallfahrtskirche der Blutaltar von Zacharias Juncker, 1622–1626. – Kerzen und Devotionalien in den Wochen der großen Wallfahrt. – Und an den Wegen der Waller die Kapellen: Laurentiuskapelle am Höpfinger Pfad.

Die alte kurmainzische Amtsstadt Buchen: der Steinerne Bau der Kellerei von 1493, das Mainzer Tor und die Nachbildung des »Bleckers« über dem Torbogen, der volkstümlichen Spott-, Hohn- und Abwehrfigur, Wahrzeichen der Buchener Fastnacht.
Auf der gegenüberliegenden Seite das Rathaus zu Buchen, nach dem Stadtbrand 1717 errichtet, vor der Pfarrkirche.

V. DÜRN

Das gerade 500 Jahre alte Kirchlein von Steinbach bei Mudau, dem heiligen Veit und dem heiligen Martin geweiht, die im Maßwerk der Chorfenster dargestellt sind.
Das Innere ist zum Jubiläum sorgsam restauriert worden. Der Schnitzaltar mit einer Beweinungsgruppe im Schrein und Reliefs der Jugendgeschichte Christi auf den Flügeln entstand um 1520.
Außen an der Nordwand des Kirchleins steht der Grabstein des »Faustin, Feldwebel von hier. Er strab im Dezember 1823«. Er schwingt martialisch seinen Säbel.

Bödigheim: Das Herrenhaus, 1700–1777, und die Burg der Rüdt von Collenberg – der Bergfried aus dem 13. Jahrhundert.

Eberstadt: Die ehemalige Wasserburg. Einer der vier Flügel im 18. Jahrhundert zu einem Schloß ausgebaut.

Unten: Das Dorfgasthaus Engel in Hollerbach war vor dem 1. Weltkrieg Treffpunkt einer Malerkolonie. Im Nebenzimmer Wandbilder von Stierkämpfen. Und eines der Bilder des Dörfchens Hollerbach, gemalt von Franz Wallischeck.

HESSEN DARMSTAT
NELLENBOGH
DARMSTAT
Griesheim
Pfungstatt
Zwingenberg
Bensheim
Heppenheim
Lindenfels
ERPACH
AMPT GERNSHEIM
HERNSHEIM
WORMS
FRANKENDAL
Dirmstein
Lambsheim
Ogersheim
Mutterstatt
MANHEIM
Seckenheim
Ladenburg
HEIDELBERG
Necker Gemund
Weinheim
Schrisen
Dossenheim
Kirchem
Wiseloch
Hockenheim
SPEIR
PFALTZ
BISTHUM
Eberbach